AF453365

PORTRAIT INTIME

D'UN ÉCRIVAIN

D'après six lignes de son écriture

Notre été hyperboréen
dure si peu : il faut se hâter d'en jouir.
Salut et confraternité !

Isabelle Ungern-Sternberg

Baronne Isabelle UNGERN-STERNBERG

Vice-Présidente de la Société de Graphologie

PORTRAIT INTIME D'UN ÉCRIVAIN

(M. ARMAND OCAMPO)

D'APRÈS SIX LIGNES DE SON ÉCRITURE

ÉTUDE DE GRAPHOLOGIE SUPÉRIEURE

Accompagnée d'une Introduction

de

NOMBREUSES NOTES EXPLICATIVES

et de

PORTRAITS ADDITIONNELS

du même écrivain

TRACÉS D'APRÈS LES MÊMES AUTOGRAPHES

par

Plusieurs Auteurs Français et Étrangers

PARIS

LIBRAIRIE

H. LE SOUDIER

174-176, Boulevard St-Germain

LIBRAIRIE
de la
SOCIÉTÉ DE GRAPHOLOGIE

150, Boulevard Saint-Germain

A

Monseigneur

BARBIER DE MONTAULT

Président d'honneur

de la

Société de Graphologie

CETTE ÉTUDE EST DÉDIÉE

AVANT-PROPOS

AVANT-PROPOS

Le succès obtenu par les fragments séparés de cette étude, lorsqu'ils ont été publiés dans la « Graphologie », a fait penser à plusieurs membres de la Société de ce nom, qu'il y aurait utilité pour la science à les réunir et à les présenter au public en un volume qui constituerait l'ensemble le plus instructif et le plus varié qu'on pût soumettre à l'examen des esprits curieux.

Le grand talent de l'auteur de ce travail, sa tournure littéraire si française, bien qu'il soit étranger (1), et, en même temps, les particularités qui ont présidé à ses recherches, sont en effet de nature à intéresser les esprits curieux dont nous parlons et nous croyons que plus d'un des lecteurs de cet ouvrage nous saura gré de l'avoir mis à la portée de tous.

La personnalité qui est examinée dans cette minutieuse analyse est fort intéressante et offre certes abondante matière à réflexions ; mais nous pouvons dire que la Graphologie aurait obtenu les mêmes résultats s'il s'était agi de tout autre écrivain, ou même, selon le mot technique, du premier «scripteur» venu.

Pour celui qui est l'objet de ces chapitres, il devra paraître, dans les plus larges traits, assez semblable à beaucoup d'écri-

(1) La Baronne Isabelle Ungern-Sternberg est Russe, d'origine Polonaise.

vains français contemporains, et même, au fond, à nombre
d'écrivains de tous les temps, l'émotivité, qui leur est commune,
offrant de nombreux points d'analogie chez tous les penseurs
imaginatifs, qu'ils appartiennent à une époque ou à une autre,
et que, d'un autre côté, ils soient très en vue ou se tiennent au
contraire dans une réserve discrète. Nous ne dirons pas « Ab
uno disce omnes », « D'après l'un d'eux connais-les tous »,
à cause des nuances qui produisent les variétés infinies des
caractères, mais nous pourrons certes dire : « Ab uno disce
multos », « D'après l'un d'eux, connais-en beaucoup d'autres ».

Cette écriture sera donc comme une écriture-type de l'homme
de lettres, et spécialement de l'homme de lettres contemporain.
On l'y trouvera détaillé dans le chapitre III (pages 57 et
suivantes) qui est un portrait graphologique véritablement
achevé (1).

Nous espérons que l'intérêt sera augmenté encore, par les
nombreuses notes explicatives qu'il a été donné de pouvoir
ajouter au texte, contrôle impartial et sûr fourni par les
faits eux-mêmes, et aussi par les Additions, où l'on trouvera
des Portraits supplémentaires du même écrivain, tracés par
plusieurs auteurs, qui les ont établis chacun de leur côté, et à
l'insu les uns des autres. Ce sont là aussi des éléments de
contrôle graphologique indiscutables et qui sont précieux.

Le lecteur, après le jugement porté par une femme, trouvera
les jugements portés par les hommes (et aussi par une autre
femme de talent) ce qui lui permettra de constater combien le
point de vue est différent dans les deux sexes ; et ce ne sera
certes pas un des côtés les moins intéressants de cette étude.

Seul un centre comme celui de la Société de Graphologie
pouvait grouper tous ces documents de la sorte, et fournir

(1) Ce qui rend d'ailleurs ce portrait particulièrement intéressant au
point de vue de la science graphologique, c'est qu'il a été tracé au
temps même où la carrière du jeune écrivain qui promettait déjà d'être
active et brillante, fut momentanément interrompue par une maladie
ou plutôt un état de malaise obligeant l'auteur à ralentir le cours de
ses travaux ; on verra comment même ce détail physiologique était
indiqué par l'écriture.

ainsi sur une même personnalité une quantité de documents telle qu'on n'en pourrait trouver, nulle part ailleurs, l'équivalent.

C'est dans la Revue publiée par cette Société, qu'ont paru, comme nous l'avons dit, des fragments de ce travail: on le reconnaîtra aisément à la lecture: nous avons tenu en effet à laisser sa forme primitive à l'ensemble de l'analyse de l'auteur comme aussi à l'introduction qui avait paru nécessaire: c'était la meilleure manière de prouver combien cette forme a obtenu des maîtres de la science l'accueil qu'elle méritait, et de montrer en même temps quel est l'intérêt de la publication que nous venons de nommer.

Enfin, pour offrir notre sujet d'étude absolument complet, outre les notes additionnelles dont nous venons de parler, nous avons reproduit un fragment extrait de l'une des œuvres de l'auteur, afin de donner un exemple de son style : car « c'est l'homme » aussi, selon l'expression de Buffon. — Ce sera une dernière matière à d'intéressantes réflexions (1).

Puissent les pages qui vont suivre tomber non seulement sous les yeux des graphologues et psychologues au courant de nos études, mais aussi sous ceux de lecteurs nouveaux, d'esprits avides de toutes les connaissances ; ils seront vite séduits, croyons-nous, par l'inflexible clairvoyance d'une science, qui par une méthode rigoureuse, révèle au grand jour tous les derniers secrets de l'âme humaine.

(1) Nous devons prévenir le lecteur qui aurait déjà pu lire ce fragment dans un livre paru en Belgique et répandu à un très grand nombre d'exemplaires, qu'il a été publié, en effet, trois ans après l'œuvre originale, sous le faux titre d'*Aimer*, et la fausse signature d'Etienne Richet, par Kistemaeckers, éditeur à Bruxelles, un roman qui n'est qu'un lucratif plagiat, une contrefaçon pure et littérale de l'œuvre de l'auteur: *Une passion*, de laquelle nous avons extrait le fragment reproduit.

UNE EXPÉRIENCE

DE

GRAPHOLOGIE SUPÉRIEURE

AVERTISSEMENT

Les lecteurs de la *Graphologie* se rappellent, sans doute, les problèmes et le Concours sur lesquels nous avions attiré leur attention : ils doivent se souvenir aussi que, lors du compte-rendu de ces tentatives, nous avions dit que nous reviendrions ultérieurement sur ces sujets pour en tirer ce qu'ils pouvaient comporter d'intéressant et de non étudié. Nous sommes heureux de publier en conséquence le résultat d'une très curieuse expérience complémentaire, à laquelle nous sommes tenus, par les circonstances, de donner quelques explications préalables.

Et d'abord l'historique, la genèse, pour ainsi dire, de cette expérience pour ceux des lecteurs actuels qui ne seraient pas au courant du Concours dont nous parlons.

Nous étions réunis, un jour, quelques amis, et l'on dissertait sur la graphologie. L'un d'entre nous, moins convaincu, émettait quelques doutes, tandis qu'un autre, un fervent de la science, ne voulait en admettre aucun.

« Eh bien, tenez, dit tout à coup celui-ci, une occasion se présente de faire de vous un croyant : je suis depuis peu en relations avec un membre de la Société de Graphologie, et j'ai la possibilité, de par la bonne grâce de ce nouveau con-frère, d'insérer dans le journal de cette société un auto-graphe de mon choix. Nous allons prendre celui qui vous plaira, d'une personne que vous connaîtrez bien, vous-même si vous voulez, et je prierai ce confrère de soumettre cette écriture aux abonnés du journal, sans nommer le scrip-teur, sans laisser même supposer quel il peut être, en les invitant à nous dire leur avis. Vous admettez bien, tout d'abord, qu'on ne peut pas faire les choses avec plus de garanties contre toute supercherie : ces lecteurs, ces futurs analystes de votre écriture, nous ne les connaissons point, ils ne vous connaissent pas davantage ; s'ils vous disent la vérité sur votre caractère, chacun de son côté, sans se com-muniquer leurs impressions, par la simple vue de votre gra-phisme, les croirez-vous ? »

Notre ami tomba d'accord avec nous sur ce point : c'é-tait, en effet, un essai au-dessus de tout soupçon, un essai de science pure, si science il y avait ; il se récusa seulement quant à son écriture ; il allégua qu'on ne se connaissait pas exactement soi-même, qu'on était tenté de se voir mieux ou autrement que dans la réalité, et il termina en avouant qu'il préférait tenter l'aventure sur l'écriture de quelqu'un qu'il connaissait bien depuis le collège, c'est-à-dire sur celle d'un autre de nos amis présents, qu'il désigna, et sur le graphisme duquel un graphologue de passage avait déjà dit quelques mots autrefois.

— Qu'à cela ne tienne, lui fut-il répondu aussitôt ; et peu après étaient tracées les lignes qui ont été publiées dans le n" de Novembre 1894 de la *Graphologie* (*). Et, pour que l'essai fût complet, on décida de le poser en problème au point de vue du sexe dans l'écriture. « Nous allons faire encore mieux, reprit le fervent d'entre nous, nous allons donner l'autre autographe, celui qu'a étudié le graphologue de passage,

(*) Nous publions plus loin cet autographe.

sans dire qu'il est de la même main : nous verrons si quelqu'un s'en aperçoit : et plus tard, nous ferons encore autre chose qui vous surprendra peut-être infiniment. »

Telle fut l'origine de l'insertion de ces autographes.

On sait quels remarquables résultats suivirent cette expérience : point n'est besoin de dire si notre ami fut convaincu.

Mais l'essai ne pouvait en demeurer là. Il restait à connaître « cette autre chose qui devait surprendre notre ami », cette expérience encore plus curieuse qui nous avait été promise. Et voici comment elle nous fut annoncée :

— Nous avions eu la personne d'après l'écriture, il s'agissait maintenant de faire la preuve contraire, de découvrir, de reconstituer l'écriture d'après la personne. — Il serait bien entendu, par exemple, que ceci était encore extrêmement aventuré, dans l'état actuel de la science, que c'était quelque chose comme de la haute voltige graphologique, pour laquelle il fallait d'abord trouver un écuyer ou une écuyère de première force, une écuyère surtout, car, pour le flair, pour cette divination que l'on croit en dehors de la science et qui est peut-être de la science nerveuse instinctive encore latente, pour ce flair, la femme l'emporte de beaucoup sur nous quand elle est capable de s'en mêler. Or, nous avions la bonne chance de posséder cette femme remarquable, et de la posséder dans notre Société même. Il n'y avait donc pas à hésiter. Nous ne pouvions lui envoyer la personne dont il faudrait reconstituer l'écriture, ce qui aurait été de beaucoup préférable, mais nous pouvions lui envoyer un à-peu-près, c'est-à-dire une photographie et la prier de nous dire comment elle se figurait, à larges traits, l'écriture de la personne représentée (a). Puis on compare-

(a) On comprendra du reste que l'expérience n'aurait pu être soumise, comme la première, à tous les abonnés de la *Graphologie*; si, en effet, obtenir l'autorisation d'envoyer une photographie à une seule personne était à la rigueur possible, il était matériellement impraticable de demander et d'effectuer une véritable distribution de photographies à tous les lecteurs de ce journal!

rait sa réponse avec un autographe de cette personne et nous verrions toujours ce que cet à-peu-près donnerait. Avec une telle correspondante nous étions certains d'avance que cette réponse serait au moins fort intéressante.

Ces paroles n'étaient pas achevées, que le portrait était indiqué, et cette fois c'était nous qui réclamions pour nos lecteurs le compte-rendu de cette nouvelle expérience : puisque nous avions déjà publié l'autographe, il n'y avait qu'à se procurer et à envoyer l'image du scripteur de cet autographe, afin que nos lecteurs pussent bien se rendre compte de la réponse que nous insérerions à leur intention. Aussitôt dit, aussitôt fait, et, quelques jours après, *Mme la Baronne Ungern-Sternberg* recevait une photographie inconnue, sans indication d'aucune sorte, avec la simple prière de reconstituer le graphisme du modèle.

Comme Mme la Baronne Ungern-Sternberg ne connaît pas plus ce modèle qu'elle n'est connue de lui, l'expérience offrait les mêmes garanties que la première.

C'est le résultat de cette curieuse consultation que nos lecteurs vont lire.

Bien qu'il s'y trouve nombre d'appréciations de tout genre sur le scripteur, celui-ci n'hésite pas à nous les laisser reproduire, donnant ainsi un exemple qui devrait être suivi, exemple que, du reste, voulait aussi donner notre regretté Vice-Président, Alexandre Dumas fils, et auquel dernièrement encore se soumettait M. Henry Houssaye, par la bonne grâce avec laquelle il accueillait l'étude publiée par notre savant et perspicace collaborateur M. Léonce Vié.

Mais, nous devons le dire, jamais exemple n'avait été si complet, et, du reste, ne pouvait l'être aussi absolument : nous n'aurions pu, en effet, publier une semblable analyse d'une personne qui nous aurait été complètement étrangère, sans être obligés de lui demander des autorisations presque à chaque ligne.

Aussi, est-ce la première fois, qu'un seul sujet aura été à

ce point disséqué, tourné et retourné sous toutes ses faces, examiné *à fond*. En général, il faut bien le dire, on s'en tient à des études superficielles sur un autographe, puis on passe à un autre, et ainsi de suite. — Cela n'est guère profitable. — Au contraire, dans le cas actuel, nos lecteurs, verront *tout* ce que l'on peut tirer de quelques lignes, sans que la matière soit encore épuisée : par là leur sera montré combien il faut travailler un même graphisme pour en saisir les mille nuances, combien il faut y revenir sans cesse pour s'en rendre maître, et combien, en somme, est vaste une science qui paraissait d'abord si élémentaire.

Quant à la tentative en elle-même, celle de la reconstitution de l'écriture, il importe peu qu'elle donne, pour le moment, des résultats complets ou incomplets : il suffit qu'elle puisse donner des résultats quelconques pour nous permettre d'augurer dans l'avenir des perfectionnements qu'il serait puéril de vouloir obtenir tout de suite, sans avoir pris sérieusement la peine de serrer fortement toutes les questions relatives à cette analyse.

Il nous reste un mot à ajouter. Lorsque fut publié le résultat du problème donné en novembre 1894, nombre de nos correspondants nous demandèrent de qui était cet autographe qu'ils avaient tant étudié à notre intention. Nous ne pûmes satisfaire alors leur légitime curiosité, parce que nous nous réservions justement des expériences ultérieures ; mais aujourd'hui, nous n'avons plus aucun motif pour continuer à cacher la personnalité de l'auteur, et, on va le voir, nous devons même la révéler, pour l'excellente raison que nous ne pouvons faire autrement.

En effet, nos correspondants s'étaient plaints avec justesse du défaut de signature, qui leur avait enlevé des éléments précieux d'investigation : seulement, nous ne pouvions en publier une, puisque nous demandions que l'on recherchât le sexe de l'écriture ou plutôt de son auteur ; la signature aurait été un empêchement au doute que nous devions laisser dans l'esprit de nos lecteurs.

Mais comme la critique était fondée, nous avons suppléé par un nouvel autographe à ce qui manquait au premier.

À cet effet, nous avons donné en exercice sur les manifestations de la volonté, un autographe de *M. Armand Ocampo*, signé cette fois, bien complet par conséquent. Car c'est le graphisme de l'auteur d'*Une Passion* que nos correspondants avaient étudié.

Nous n'avons pu indiquer à ce moment l'identité des deux écritures, à cause de la dernière expérience qui nous restait à tenter.

Nos lecteurs nous pardonneront tous ces petits secrets successifs, en songeant que nous les avons gardés pour pouvoir leur procurer des détails tels qu'il ne s'en était pas donné jusqu'à présent.

Pour cette même raison, nous nous sommes permis d'ajouter quelques notes au texte de notre distinguée collaboratrice (b); ces notes ont pour objet d'élucider certains points ou de compléter certains aperçus qu'il lui était impossible d'étudier à fond, dans l'ignorance où nous l'avions laissée de l'écriture elle-même : elles sont destinées à mettre en lumière ces points ou ces aperçus, afin que ce travail puisse être tout à fait profitable à ceux qui s'y adonneront.

Les lecteurs devront donc avoir sous les yeux tous les documents publiés sur ce sujet (c), et ils n'abandonneront l'analyse de tous ces documents si variés que lorsqu'ils les auront maniés et remaniés sous toutes leurs faces. N'est-ce pas seulement ainsi que l'on peut faire d'utile besogne en quelque matière que ce soit ?

C'est dans les mêmes vues, et pour donner à nos amis des matériaux absolument complets sur une même individualité, que nous avons jugé utile d'insérer dans ce travail deux au-

(b) Ce sont celles qui ne portent aucune signature ou initiale.

(c) Nous les reproduisons dans les *Additions* qui terminent cet opuscule.

tographes supplémentaires, l'un de l'enfant (signature tracée de 10 à 11 ans), l'autre du jeune homme (strophes tracées de 18 à 19 ans).

Nous noterons en dernier lieu que le « premier autographe » (analysé par Donadio) est d'août 1891, l'autographe donné en problème, d'octobre 1894, l'autographe signé, de mai 1896 ; car cela a son intérêt, comme tout le reste. Et nous espérons, enfin, que l'on nous saura gré de l'exactitude de plus en plus rigoureuse que nous tentons ainsi, par la grande variété des aperçus, d'apporter à nos persévérantes investigations.

J. J.

Un Inconnu

I

Déclaration en guise de Préface (*)

Je n'ignore guère que quiconque s'excuse, s'accuse, et cependant il me faut débuter par une justification. Car mon thème, je ne le pressens que trop, réveillera de bien tardifs échos.

« Moutarde après dîner ! » me criera-t-on de toutes parts. Pourquoi, après un laps de vingt mois, revenir à la charge, alors que la vivisection du sujet a été accomplie par tant de collaborateurs, à l'insu les uns des autres (a). Pour peu qu'il se rencontre encore une lacune dans ces différentes appréciations, le secret d'ennuyer serait celui de tout dire. Après l'avoir vu de face et de dos, va-t-on le scalper, le mettre à nu, le retourner sens dessus dessous, pour nous donner du nouveau ?

(*) Se reporter pour cette étude au problème de novembre 1894 : « *Oh! la belle, la touchante* », ainsi qu'aux solutions de mai 1895. Pour mémoire je rappelle que cette écriture est la même que celle du « premier autographe » de ce même numéro de novembre 1894.

Isabelle U. S.

(a) Comme nous l'avons dit, nous donnons dans les *Additions* des extraits complets de toutes les études qui avaient précédé celle-ci.

Si j'ai pris la liberté grande de revenir à ce mouton si bien tondu par plus d'une douzaine de graphologues, il faut s'en prendre à la toison d'or du susdit mouton d'abord, puis à une circonstance fortuite qui fit sortir de mon pupitre ce manuscrit, originairement destiné à y moisir à jamais, au mépris des « *nonos in annos* » d'Horace !

Tous ces reproches étant résolus d'avance par moi-même, afin d'éviter cette besogne à mes lecteurs, je vais de ce pas, n'abusant plus de leur patience, entrer en matière.

Un correspondant en graphologie, sans que je fusse averti, sans même me crier gare, me fit un beau jour tenir une photographie avec prière de reconstruire, d'après l'impression de cette tête d'ailleurs fort expressive, l'écriture du modèle, et cela à titre d'hypothèse curieuse, d'expérience extra-scientifique.

Cette proposition étrange était bien de nature à tenter mon audace, éprise de recherches hardies, toujours à l'affût de nouvelles friandises graphologiques et physiognomoniques.

Je répondis néanmoins par un refus net et catégorique, inspiré par la crainte bien légitime de compromettre ma jugeotte. Comment le docte Cicéron eut-il jamais le front d'assurer qu'une lettre ne rougit pas : « *Littera non erubescit* » voilà qui me passe.

Et voici, en somme, les scrupules, par moi allégués, à l'égard de la tâche ingrate, sinon infructueuse, que mon confrère en graphologie, trop confiant en mes lumières, aurait voulu m'imposer ; on m'exhorte à les publier, sous prétexte que ces considérations pourraient être utiles aux novateurs téméraires qui ne craindraient pas de s'aventurer sur un terrain aussi périlleux ; exécutons-nous donc, par pur devoir envers la science : voici ma réponse que nous pourrons intituler, si vous le voulez bien :

DE

LA RECONSTITUTION DE L'ÉCRITURE D'APRÈS
UNE PHOTOGRAPHIE ORDINAIRE

A un inconnu.

« Vos oreilles ont-elles tinté, Monsieur, lorsque votre effigie est venue échouer sur les rives de la Baltique (1), le .... 189., à 2 h. 1/2 de l'après-midi? la gauche ou la droite? Je laisse à imaginer la façon dont ma curiosité (*intellectuelle*, je vous prie de le croire), vous disséqua, dévisagea, éplucha, exalta, etc... Ce fut fait en un clin d'œil, et suivi tout aussitôt de cette reconstitution extra scientifique de votre graphisme tel que, émanation mystérieuse de votre personnalité, il se dessina nettement devant mon imagination. Mais quant à vous l'envoyer — dame ! c'est une autre paire de manches, — mon étourderie, si étourderie il y a, est cependant doublée d'un peu de circonspection qui me va chantant : *scripta manent.* »

De vive voix, pour mon bon plaisir, sur l'impression d'une physionomie frappante à première vue, je m'adonne souvent à ce sport ; c'est un moyen excellent de se désennuyer, au théâtre ou en soirée, pour peu qu'une tête marquante se détache de la foule banale des hommes à la douzaine.

Il ne faut pas être bien malin, par exemple, pour dire du fameux anthropologiste Virchow, polémiste acharné, en démocrate réactionnaire qu'il est, et bon observateur sur la foi de ses écrits, que son écriture doit être droite (ou peu s'en faut), petite, serrée, à angles aigus et à traits énergiques, montante de par l'ardeur, et sobre. Voilà de quoi former aussitôt la résultante de la vanité intellectuelle qui crève les

(1) A Reval (Russie).

yeux dans les allures du grand homme. L'examen de son graphisme confirme l'exactitude de mes suppositions. Il n'y a pas à s'y tromper du reste, tant sa démarche et son geste, sa façon d'articuler nette et incisive, correspondent au geste scriptural d'une netteté, d'une précision remarquable. Car Virchow représente le type du coq agressif bien prononcé, j'en atteste sa tête à profil d'oiseau, portraiturée par le fameux Lenbach, peintre attitré de Bismarck. Virchow a toujours l'air de mûrir une pensée ou de ruminer un sarcasme.

A l'encontre de cette virilité énergique, intrépide, les mouvements lents et indécis d'un individu à face veule évoquent une vision bien différente, savoir le graphisme flou et pâteux d'un pauvre hère, prédestiné à être traité en... ce qu'on met en bouteille.

Survienne une femme qui s'avance dans un salon en minaudant, les yeux en carpe, prodiguant à tout venant les chatteries et les compliments, elle éveillera en moi l'idée d'une écriture fine, menue, féline et fioriturée. Dans le tracé serpentin, vous retrouverez ses mouvements ondulants. Et *vice versâ*.

Je n'aurais qu'à augmenter mes exemples, mais je m'en tiendrai là.

Si j'étais vaine, je vous narrerais mes succès basés sur l'intuition plutôt que sur l'observation, bien que cette dernière y participe inconsciemment. Car de tout temps je me suis adonnée avec frénésie à l'étude de la physiognomonie, j'ai lu Lavater, Mantegazza, Darwin, jusqu'à d'Arpentigny, et quoique absolument dépourvue de méfiance, de prudence même, j'ai été rarement trompée malgré ma légèreté étourdie ou espiègle, comme on s'est plu à la définir. Je ne m'en dédis pas, sans arrêter toutefois si c'est un « minus féminin » ou bien plutôt une des armes les mieux fourbies dont la nature ait gratifié le sexe faible.

En tous cas une photographie ne vaut pas grand chose pour mon étude favorite, véritable délassement de l'esprit. Il n'y a de bon en photographie que les instantanés, et ceux-là encore sont défectueux, ne rendant après tout que l'expression du moment même. Viennent ensuite les retouches pour effacer tout ce qu'il y a de caractéristique dans une physionomie, les lignes que la pensée, le chagrin ou bien les excès de travaux ou de fatigues de tout genre peuvent y avoir gravés. Ces ruines en disent plus long qu'on ne pense et dévoilent tout un passé gros d'orages et de vicissitudes. Comme de raison, un psychologue de métier les déchiffre plus aisément qu'un profane, mais un visage ravagé par exemple par les passions ou les plaisirs constitue une enseigne parlante même pour l'homme au jugement médiocre.

Je vous rappelle en outre qu'on peut faire aussi la toilette de sa physionomie en posant devant l'appareil photographique, revêtant, pour l'édification des destinataires de l'effigie, les dehors aimables de l'homme du monde, surtout quand on est comme vous « *on the sunny side of forty* » (2) où les muscles de la face sont encore souples et mobiles. Pour un homme de soixante ans, au masque sculpté par l'âge, je n'en dirais pas autant : là les contractions les plus fréquentes se sont déjà immobilisées. A moitié fossile, hélas, il ne peut plus donner le change sur sa personnalité trop fortement accusée; le vilain Nietsche, détracteur aussi persistant de la femme que son maître Schopenhauer, la persifle à propos de l'âge dans l'épigramme mordante : « *Jung,... Alt,...* » qu'on pourrait traduire, librement, à peu près ainsi :

« Jeune — l'antre d'une hydre aux fleurs de pourpre et d'or;
« Vieille — l'antre est à nu: l'hydre prend son essor. »

Il y a du vrai dans cette animosité. On se laisse aller à la mélancolie, devant le portrait quasi angélique d'une jeune fille quand on est assis en face de la mégère qu'il est censé avoir représenté, hideux avortement des germes du bien que la nature avait mis en elle.

— Contemplez un savant de soixante hivers : sa figure sil-

(2) Sur le chemin qui mène à la quarantaine.

lonnée par la pensée vous conte toute une vie passée sur les bouquins. Un viveur à face rubiconde et empâtée se distingue facilement d'une idéologue émacié ; un sportsman aristocrate ne saurait être confondu avec un vieux paysan madré et retors, ni un « vieux de la vieille » avec un maître d'école villageois, pacifique et débonnaire.

Mais revenons à la défectuosité de la photographie pour bien augurer du caractère de l'original.

Dans le portrait que j'ai reçu, je puis évaluer à peu près l'ampleur du front, mais il n'en est pas de même pour les dimensions du crâne, chose très essentielle cependant. Sans avoir vu de face encore un homme, je l'ai déclaré un imbécile sur la foi d'un occiput aplati. Il se retourna et me fit voir une tête de perruquier. Le pauvre sire ! Par la plus sanglante des ironies, l'auteur de ses jours l'avait gratifié du nom de Socrate. J'y ajoutais, pour comble de dérision, le patronymique « *Platonowitch* » aliàs « fils de Platon », sobriquet qui lui est demeuré.

L'occiput du portrait que j'ai sous les yeux me paraît proéminent — mais je n'en jurerais pas. Et les mains donc ? Sont-elles noueuses ou non, les doigts carrés, spatulés ou coniques ? Et l'intérieur de la paume si expressif ? Tous ces éléments indispensables d'un bon diagnostic physiognomonique me font défaut.

— La reconstitution de l'écriture est ultra, ou extra-scientifique, a-t-on dit. Sans me laisser influencer par qui que ce soit (je vous renvoie à mes *d* minuscules pour mon amour inné de l'indépendance (**) je suis ici de cet avis. Et si je me prête parfois à cette divination, frisant les arrêts de la pythonisse de Delphes, pour étonner les esprits un peu simples, je choisis de préférence des individualités peu compliquées, ce qui m'évite des échecs.

Or, vous êtes, monsieur, une nature complexe, s'il en fut jamais, et difficile à déchiffrer. Je crois avoir saisi le mot

(**) Les *d* surbaissés sont cotés *contrainte* et j'ai eu l'occasion de vérifier ce signe ; le *d* surélevé en serait logiquement le contraire : amour fanatique de l'indépendance *intellectuelle*.— I. V. S.

de l'énigme : pour moi l'original du portrait est coté, classé comme « un sujet intéressant et très compliqué », je n'en dis pas davantage. Mais traduire ces impressions vivement et spontanément senties, par un bilan minutieux de votre écriture serait un travail hasardé, incomplet et oiseux, sans nuances aucunes. Et la nuance est tout dans une nature complexe, multicolore, cultivée, raffinée. Ce serait bien insuffisant, allez ! N'êtes-vous pas de mon avis, après tout ? Par exemple une physionomie ne trahit jamais, si vous êtes intuitif ou logicien.

Toutefois en voilà bien assez pour vous convaincre, à moins que je ne me sois échauffée en pure perte à prêcher un converti...

Mon siège est fait, mes notes prises pour le bénéfice de ma curiosité intellectuelle propre ; j'attends maintenant de pied ferme le relief scriptural du très sympathique inconnu pour le confronter avec l'impression produite par son effigie. En retour de cette impulsion, c'est à moi « suggestionnée » par votre proposition, de vous recommander chaudement une autre expérience : je veux parler ici de la reconstitution du physique d'après l'ensemble d'un graphisme bien caractéristique (3). Grohmann et Henze y excellaient, toutefois sans

(3) Nous devons rappeler à nos lecteurs que Mlle Eugénie Love, lauréat du Concours de Graphologie avait tenté et réussi cette périlleuse expérience. (Voyez la *Graphologie* de mai 1896, page 635, 2e colonne, note 1). M. J. Vacoutat avait envoyé, lui aussi, un essai de ce genre dont presque toutes les parties étaient de la plus parfaite exactitude. Les faits sont donc là qui prouvent la possibilité de la reconstitution que désire notre distinguée collaboratrice. D'ailleurs en demandant à ses abonnés, dans le premier problème, de rechercher le sexe du scripteur, le Comité de rédaction entrait bien dans cette voie, tout en observant la plus extrême prudence, puisque le sexe est la première et la plus naturelle des recherches de reconstitution physique qui se présente à l'esprit. L'avenir nous réserve certainement, à ce point de vue, de remarquables découvertes qui viendront compléter ce que nous avons déjà acquis. Mais en l'état actuel de la science, il n'y a pas encore un assez grand nombre de ces acquisitions certaines, pour nous permettre d'être affirmatifs dans les tentatives de cette nature.

savoir se rendre compte de leurs réussites, entièrement fon-
dées sur l'intuition. De cette façon ce n'est plus la science qui
s'enseigne, mais un art divinatoire que répudient sévèrement
certains graphologues modernes. Mais Langenbruch, observateur sagace et praticien méritoire, n'est pas aussi absolu
dans la négation. A mes questions, à mes scrupules, loin de
répliquer par un veto formel, il formula un : « Pourquoi pas?
Il n'y a pas d'impossibilités pour la science à venir ; problème d'aujourd'hui, vérité de demain. » — Et moi, toujours
amie du progrès, encline aux hypothèses, aux expériences qui
le favorisent, je me range de son côté (4). Langenbruch a noté
plusieurs signes pathognomoniques indicateurs, l'anémie, le
teint, etc. Il n'a pas laissé de me prémunir contre les décep-
tions du début, me prévenant surtout qu'il fallait avoir cul-
tivé et défriché des années durant un vaste champ d'observations. Rien que la pratique la plus assidue vous met à même
d'aborder avec succès ce domaine grapho-physiognomonique,
dont il exploite la terre encore assez vierge au profit de la
graphologie criminelle (5). Maintes fois des indices pareils
ont fait suivre aux *détectives* la juste piste. C'est précieux
aussi pour découvrir l'infâme auteur d'un écrit anonyme.

Pour renseigner ceux de mes lecteurs qui aimeraient à se
risquer en des tentatives pareilles, je vais leur communiquer
la méthode que je me suis formée après avoir préalablement
acquis un champ d'observation suffisamment vaste. Notons
bien qu'il y faut aussi un certain entraînement.

Pour ne gêner en rien l'envolée de mon intuition, je fixe
d'emblée la vision qui flotte devant moi, procédant d'abord
par des vues d'ensemble, les complétant ensuite par le fini
des détails, la réflexion aidant. Après cela je décompose cette

(4) Il est à peine nécessaire de répéter que c'est aussi notre avis,
nous nous en sommes expliqués depuis longtemps déjà.

(5) Cette terre n'est pas tout à fait aussi vierge que l'on pourrait
croire. Il y a, à la Préfecture de Police, à Paris, un service graphologique parfaitement organisé, qui s'enrichit chaque jour de documents nouveaux.

impression synthétique et me rends compte, aussi exactement que faire se peut, de chaque trait de l'écriture qui m'a fourni les éléments inconscients de ma quasi hallucination. Forte de cette analyse j'augmente mon savoir (qui peut-être fera quelque jour progresser la science graphologique), et mon prochain portrait physique n'en vaudra que mieux, grâce aux observations nouvelles.

Je recommande naturellement la prudence et la circonspection, « Dans le doute abstiens-toi ». Car il faut une écriture à silhouette prononcée pour qu'elle nous révèle facilement le scripteur. Ne s'occuper que des profils franchement accusés ! Le nez camus d'un insignifiant, la frimousse écœurante d'un personnage médiocre et conventionnel ne sauraient être fixés.

N'interroger que les écritures qui parlent — elles répondront ».

II

Une Critique

II

Une critique

A cet essai en forme de lettre mon correspondant répondit en m'indiquant le graphisme du problème et du premier autographe (Nov. 1894 et Mai 1895) comme provenant de l'original du portrait tant discuté.

Bien m'en avait pris de ne pas m'être trop aventurée dans l'expérience osée de la reconstitution du caractère ainsi que de l'écriture qui en dériverait. Ne point juger quelqu'un sur les apparences se recommande, non seulement par la prudence la plus élémentaire, mais surtout par l'amour du prochain doublé d'équité. Mon appréciation fût demeurée en effet incomplète, relativement approximative, dénuée absolument de netteté et de relief.

La richesse même de l'individualité en question y mettait des entraves, en multipliait les obstacles. C'est surtout l'évaluation précise des dernières limites de sa sensibilité qui eût péché par manque d'exactitude.

Dans toute physionomie moderne l'affectivité se cache, pareille à la violette qui se contente de fleurir à l'ombre : il faut l'aller chercher — tandis que l'esprit s'amusant des ridicules, l'humour, l'aptitude à l'ironie s'affirment de préférence, facilement provoqués par une réminiscence quelconque ou bien par les détails fastidieux et quelquefois risibles de l'installation devant l'appareil. Tout photographe n'adresse-t-il pas à sa victime la sommation impérieuse de se tenir coite et de revêtir une expression des plus souriantes ? Jamais on ne se possède autant, et cette maitrise de soi frise toujours un peu le maintien diplomatique. Il n'y a qu'un enfant pour faire franchement la grimace, ou rire à bouche que veux-tu, en affrontant l'insidieux pseudo-artiste.

Avant de noter mes propres impressions graphologiques, je fais donc procéder ces notes pour l'orientation du lecteur d'une

Critique
sur l'interprétation des oscillations de la sensibilité.

En parlant du « Premier autographe » dans le numéro de Novembre 1895 de la *Graphologie*, M. Bévalot (*a*) note « une inclinaison très variable du graphisme allant d'un angle de 38 à un angle de 78 sur la base de l'écriture. La première accuse la sensibilité susceptible, tandis que la pente la moins accentuée se rapproche de la froideur ».

Voilà qui est juste et bien observé.

— Pour être excessive, la mobilité de sentiment n'en est pas « nécessairement féminine », vu les autres caractéristiques de cette écriture.

Mais passons sur cette conclusion. M. Bévalot continue.

« La résultante de cette sensibilité est un angle de 58 qui donne une sensibilité délicate, mais sans passion ».

— Affirmation qui de prime abord parait incontestable et strictement scientifique.

(*a*) Ce passage de l'étude de M. Bévalot est reproduit dans les *Additions* qui terminent cet opuscule : il est indispensable de le lire ou de le relire avant de lire, à son tour, cette *Critique*.

Et cependant cette résultante porte à faux, parce que l'unique chose qui soit constante dans ce graphisme, c'est justement l'impressionnabilité nerveuse, la mobilité, le mouvement, la faculté de passer plus ou moins vite, selon les coëf-ficients, d'un état de l'âme à l'état opposé, d'aller sans transition du chaud au froid, sautant parfois les étapes intermédiaires, chose qui se traduit ici précisément par les lettres brusquement redressées, symbole et image d'un caprice soudain, d'une boutade. C'est ce va-et-vient sans trève qui forme avec les lignes descendantes l'essence même du caractère en question (6).

Qui oserait jurer qu'à tête reposée notre sujet s'astreigne de préférence à la moyenne de 58? N'est-il pas plus probable que dès que l'émotivité est mise de côté pour affaires d'intérêt ou travaux scientifiques, l'angle de 78 reprenne le dessus. L'inconnu observerait froidement, rationnellement et calculerait de même.

Par contre, dans le domaine du sentiment, aux prises avec une passion, l'angle de 38 peut nous servir d'indicateur pour l'entraînement dont il serait capable.

En mathématiques la moyenne de 38 et de 78 comporte nécessairement un angle de 58 : il n'en est pas de même en graphologie. C'est que les mathématiques peuvent se vanter de représenter la plus exacte des sciences, opérant seule entre toutes, avec des valeurs fixes. Par conséquent le doute, l'à-peu-près, l'hypothèse sont exclus de ses calculs.

La graphologie, m'objectera-t-on, constitue bien aussi une science.

Certes, à l'heure qu'il est, l'ignorance seule de ses résultats lui marchanderait encore ce titre. Mais on ne saurait lui appliquer avec succès les procédés géométriques. C'est assurément une science du présent qui nous réserve force pro-

(6) Nos lecteurs noteront avec soin que notre collaboratrice ne va à peu près faire fond dans toute son étude que sur ces deux caractéristiques de l'écriture analysée : ils remarqueront tout le parti que son esprit va en tirer, et cela leur sera un modèle précieux : car ils verront à quelles conclusions variées et multiples nous serons amenés par ce brillant esprit.

messes pour l'avenir, mais c'est en même temps un savoir
de moindre exactitude reposant, comme elle fait, sur des
données plus ou moins variables.

La caractérologie surtout (permettez-moi d'emprunter à
Hans Busse cet excellent terme pour désigner l'étude et le
développement des résultantes) me paraît sujette à caution.
Plus dépendante qu'aucune autre matière graphologique du
jugement individuel, si accessible par là même à l'abus, que
Langenbruch conseille, sinon de s'en abstenir, de se borner
du moins aux résultantes les plus élémentaires, la caractérologie doit éviter rigoureusement de s'autoriser des procédés
mathématiques.

Elle a cela de commun avec l'histoire, la théologie, la phi-
losophie qui ne sauraient que faire de formules immuables.
Toutes ces doctrines traitent de l'homme dans ses manifestations intelligentes, sensibles et volontaires. Or l'homme, cet
être compliqué, en pleine évolution, dont le progrès futur
s'ouvre sur des horizons immenses, à peine entrevus par
l'œil prophétique du poète ou du philosophe, cet être, dis-je,
ne saurait être rendu par une formule sèche et invariable.
Quoi qu'en dise le matérialisme, il y aura toujours dans
chaque discussion qui le regarde, un guichet donnant sur l'inconnu, une traite tirée sur l'avenir. Tâchez donc de résou-
dre l'énigme de l'âme la plus simple par un calcul exact !
Enfin de compte vous vous verrez toujours acculé à une fraction mystérieuse, fraction qui demeure, qu'on s'évertue en
vain à anéantir. Dans chaque personnalité on se heurte à
quelque chose d'incommensurable, qui défie l'analyse psychologique la plus minutieuse. Et un calcul mathématique,
établi sur des prémisses aussi ondoyantes, risque fort de
pécher par sa base même. Ici le mieux est vraiment l'ennemi
du bien. Car dans l'état actuel de la psychologie et des
sciences qui s'y rattachent, il est dans l'âme des profondeurs
inaccessibles à la sonde du scrutateur.

Dans la sphère de l'inconscient dont s'occupe la philoso-
phie de Hartmann, vous effleurez à peine cette chose
impondérable qui se dérobe à votre scalpel, mais qui n'en a

pas moins son retentissement dans l'écriture. De l'inconscient coule la rêverie poétique, jaillit l'étincelle de la pensée. L'inconscient est le domaine du génie créateur, le berceau de toute œuvre géniale conçue dans le silence et la méditation. N'abordons donc qu'avec révérence cet abîme insondable de l'au-delà ! *Hæc est regio Diis sacra.*

Conclusion. En supposant que M. Bévalot, dont j'estime singulièrement les travaux récents sur la classification philosophique des signes graphiques, me demande où j'ai été puiser mes convictions relativement aux oscillations de l'écriture, je lui répondrai sans hésitation : « *In anima vili* », c'est-à-dire dans la mienne propre, bien qu'une confession pareille ait de quoi me répugner. Donc je parle bien en connaissance de cause. D'après les indications de Schwiedland, mon graphisme possède une inclinaison variable de 55 à 35 degrés. Selon M. Bévalot, ma moyenne de 45 degrés constituerait l'équateur, le juste milieu de l'échelle sentimentale, mes sentiments, par conséquent, s'en tiendraient le plus souvent au beau fixe. J'aurais fait mienne la maxime tant prônée et rebattue d'Horace : « *Medium tenuere beati* » — (maxime qui de tout temps, soit dit entre parenthèse, m'a été odieuse. C'est le précepte utilitaire du bourgeois, le travestissement d'une vérité philosophique, la cantilène de la médiocrité qui lui a servi de tout temps à condamner sans appel l'enthousiasme de la jeunesse, l'envolée du poète, la fougue des novateurs. Me l'a-t-on assez cornée aux oreilles !) Hélas, mon installation au bel-étage de la modération équivaut plutôt à un pied-à-terre qu'à un bail perpétuel ; il faudrait m'aller relancer souvent dans les bas-fonds de la rêverie, de la mélancolie même, pour me retrouver deux heures plus tard, juchée au clocher et chantant à tue-tête (a).

Je viens de le dire et je le répète : la variabilité de l'inclinaison scripturale accuse non la prédominance de la moyenne, mais la faculté, différemment répartie selon la

(a) Voir, pour l'étude de ce passage, l'autographe de l'auteur, en tête de cet ouvrage.

vivacité du sujet, de passer plus ou moins vite par les phases différentes de la sensibilité. Le point d'arrêt dans cette échelle émotive dépend en partie du milieu, en partie il se détermine par les occupations qui prévalent, par les passions qui ont le plus de jeu sur le moment présent.

Inspectons ma comptabilité — elle brillera par l'angle réfléchi de 55, traducteur du calme d'esprit apte à vérifier la dépense et à établir une juste balance entre le Doit et l'Avoir. Il y a combat entre ma possessivité qui déteste le coulage (finales écourtées) et l'amour du confort, de la vie large et facile (écriture espacée) ; l'angle de 55 représente le frein de la réflexion qui m'a fait adopter le sage dicton de l'économiste Franklin : « Ne donne pas trop pour ton sifflet. »

Qu'un œil indiscret aille fouiller les expansions de mon journal, la grande fréquence de l'angle 35 le renseignerait efficacement sur la chaleur latente et accidentelle de mon affectivité. Il y ferait la part de l'engouement, du caprice.

Toutefois un bon psychologue, en bien considérant la sobriété relative du trait qui sert de contrepoids à la passion révélée par l'angle de 35, établirait une conjecture bien raisonnée et bien fondée sur l'action de cette grande sensibilité toujours contrecarrée par la réflexion : il en résulterait un courant sous-marin de passion, si je puis dire, qui s'exhalerait par le laisser-aller du verbe et du geste, quitte à se reprendre ensuite dans toute action qui pourrait tirer à conséquence.

J'ai eu tout le loisir d'observer et d'étudier les manifestations, les causes et effets de cette mobilité d'impressions et de sensations qui m'a donné bien du fil à retordre, bien des torts à redresser. — D'ailleurs, à l'appui de ma théorie je suis à même d'évoquer un excellent point de comparaison, toujours à ma portée et qui a été la pierre de touche de ce que je viens d'avancer. Comme repoussoir de ma façon d'agir et de sentir, la destinée m'a gratifiée d'un cousin, dont l'angle scriptural accuse invariablement 45 degrés, justement ma moyenne. Notre vivacité tombant aussi d'accord, les partisans des procédés mathématiques en graphologie se croiraient autorisés à affirmer de bonne foi l'harmonie de nos sentiments toujours portés au même diapason.

Il n'en est rien. Les faits sont là pour leur donner un démenti. Mon parent est la modération, la douceur, l'égalité d'humeur en personne. Jamais ni caprices, ni agitation, ni impatience, malgré toute la vivacité qui lui est propre.

Pour marquer la différence qui existe entre nos deux natures, je dois constater que ma manière d'être l'étonne continuellement. Vous avouerai-je « *sub rosa* », cher lecteur, que ce cousin assez irrespectueux du reste, désireux de trouver un sobriquet qui m'allât comme un gant, n'a pas craint de me surnommer pendant une tournée archéologique « Isabelle l'Incroyable ».

Et moi de rire et de convenir — sous réserve — de cette dénomination.

Il n'y a rien comme le « Connais-toi toi-même » bien pratiqué pour approfondir, comme analogie, l'âme du prochain (7).

(7) Toute cette *critique* pourrait faire l'objet d'une étude approfondie qui ne saurait trouver place dans une note rapide.

Bornons-nous à constater pour l'utilité de nos lecteurs que, dans l'espèce, notre collaboratrice se trouve... d'accord avec notre collaborateur ; en effet, comme le dit notre collaboratrice, le scripteur, « toute émotivité mise de côté, observe froidement, rationnellement « et calcule de même.

« Par contre, dans le domaine du sentiment, aux prises avec une « passion, l'angle de 38 peut nous servir d'indicateur pour l'entraî- « nement dont il serait capable » ; et d'un autre côté, comme le dit M. Bévalot, « la résultante de cette sensibilité donne une sensibi- « lité délicate mais sans passion », ce qui est vrai en fait.

À l'état de repos, lorsque l'auteur de l'autographe n'est ni sous l'empire de la contraction nerveuse que suppose une contention de l'esprit au travail, ni sous celui de l'hyperexcitation des nerfs que produit toute passion, il est bien en effet, dans la réalité, « un sensible délicat sans passion ».

C'est là son état normal, son état d'équilibre, les deux autres étant des états anormaux, soit de travail physique, soit de passion ; et comme ils sont anormaux pour lui, il les pousse à leur extrême

Cette critique faite, voici enfin mon étude, très subjective, écrite, il y a longtemps, pour mon bon plaisir, alors que j'eus reconnu, moi aussi, l'identité du problème de novembre 1894 avec le premier autographe.

Ce caractère m'attira comme un cas intéressant, véritable fouillis de contrastes, type éminemment moderne.

Mais cette analyse n'a pas été faite en vue de démonstration ou à titre d'enseignement. Je suis donc obligée de faire appel à l'indulgence et au bon vouloir du lecteur, si ma façon d'envisager et de présenter le problème n'est pas conforme à la sienne.

J'ai fixé mes impressions pour en avoir le cœur net. Afin de la rendre caractéristique, j'ai basé mon étude sur les deux grandes dominantes, savoir la mobilité excessive, et la tendance à descendre (8). Peut-être me reprochera-t-on d'en

limite soit de contraction, soit d'hyperexcitation. Il sera donc à l'ordinaire l'homme que décrit M. Bévalot, et quand il y aura un motif en jeu capable de le faire sortir de cet ordinaire, il deviendra l'homme dépeint par notre collaboratrice, soit dans le travail physique soit dans la passion.

Nous disons physique car nous aurons à constater plus loin que l'intelligence est au contraire en incessante activité.

(Voir, à la fin de cet ouvrage, dans les *Additions*, la réponse que M. Bévalot a faite lui-même aux objections de Mme l'Ungern-Sternberg).

(8) Nous engageons de nouveau le lecteur à bien noter ce point : toute la théorie, tout le portrait de notre collaboratrice vont découler presque entièrement de ces *deux seules* constatations. C'est la méthode *des dominantes*, méthode essentiellement psychologique ; c'est celle qu'avait employée M. Louis Vinson dans son envoi pour notre Concours : elle suppose une très grande souplesse en même temps qu'une très grande force de l'esprit qui l'emploie, car elle est dangereuse, faute de points d'appui en nombre suffisant. En tout cas elle n'est permise qu'aux maîtres graphologues, et les débutants doivent s'en abstenir, s'ils ne la font suivre d'une analyse très minutieuse de toutes les autres caractéristiques de l'écriture.

Mais comme le dit très bien notre collaboratrice, chacun a sa manière de voir les choses, dont il ne saurait se défaire complètement.

avoir exagéré l'importance à l'instar du peintre qui charge les traits saillants d'une physionomie pour en faire ressortir davantage l'originalité. Toutefois on ne m'accusera pas, je l'espère, d'avoir aliéné la ressemblance du portrait, d'avoir produit une image différente, alors que je me suis efforcée d'en mettre bien en relief la silhouette.

Cette individualité n'est-elle pas, après tout, elle aussi un coin de la nature ?

Libre à moi de la voir à travers mon tempérament, libre à vous de protester, si ma façon de voir ne vous agrée pas. Personne ne saurait se défaire entièrement de son angle visuel, au moral, ni au physique, quoi qu'il fasse pour remédier soit à sa myopie, soit à sa presbytie (9).

Cette étude sera donc pour nos lecteurs un modèle de cette méthode, sur laquelle il y aurait lieu de s'arrêter quelque peu pour en saisir justement les grands avantages et les grands dangers. Les uns et les autres y apparaîtront du reste, les avantages par le parti que l'auteur de l'analyse en a tiré, les dangers par l'habileté avec laquelle elle les a esquivés. Nous les signalerons à leur place au fur et à mesure, pour en tirer tout le profit possible.

(9) Il est absolument exact, physiologiquement, que l'on voit les gens « à travers son tempérament » ; on les voit même à travers son sexe. Nos lecteurs s'apercevront certainement du soin avec lequel notre collaboratrice observera tout le côté sentimental du personnage étudié et combien la constance notamment ou l'inconstance du scripteur vont la préoccuper, détail essentiellement féminin qui légitime l'opinion suivant laquelle « les yeux d'une femme cherchent toujours dans un homme autre chose que ce qu'un homme y trouve. »

C'est pour une certaine part, ce qui rend les analyses féminines si intéressantes.

On verra, en effet, dans les analyses faites par les graphologues masculins et reproduites dans les *Additions*, qu'ils ne se sont occupés de ce détail que très incidemment.

On comparera utilement ces analyses avec celle de Mme Ungern-Sternberg.

Autographe tracé à l'intérieur
d'une couverture de livre de classe
à l'âge de 10 ou 11 ans.

I

Quel silence éternel autour du cimetière !
À peine quelquefois, agités par le vent,
Les ifs murmurent-ils quelque ~~triste~~ longue prière,
~~Sombre~~ voix de la mort dans les cieux s'élevant !
Triste

Aucun oiseau, nul être
N'habite ce lieu

Sauf un seul qui peut-être,
Y fut mis par Dieu !
Dis-moi sombre chouette
Aux yeux froids
Que fais-tu sur le faîte
De ces croix !

*Hauteur de la page : 141. — Largeur de la marge manquant à gauche : 37. —
Largeur de la marge manquant à droite : 53).*

Autographe tracé à l'âge de 18 à 19 ans

(Les mots en surcharge sont d'une époque postérieure. Les points sur les *i*
manquent parfois à cause de leur ténuité extrême à peu près impossible à
reproduire par l'impression).

Au premier de mes maîtres,
à l'ami que je n'oublie point.
Quelque éloignés que nous soyons
l'un de l'autre à M. S

Fragment de dédicace d'ouvrage tracé à l'âge de 23 ans

(Autographe sur papier glacé extravasant l'écriture)

Fragment avec corrections tracé quelques années
après le précédent. en janvier 1887

Monsieur

Veuillez me dire ce que vous voyez dans mon écriture — Je vous préviens que je viens de déjeuner ce qui donne à mes nerfs plus de puissance qu'en temps normal

Autographe d'Août 1891

tracé sur feuille volante ; écriture hâtive.

Oh ! la belle, la tou-
chante idylle que vous
m'avez donnée ! J'en
ai eu les larmes, non
aux yeux mais dans le
Cœur, ce qui vaut mieux

Autographe d'Octobre 1894

Mon cher confrère

Vous me demandez, pour tout
autographe, quatre ou cinq
lignes de mon écriture..

Quatre ou cinq lignes ? — Les voici.

Bien cordialement votre

Armand Ocampo

Autographe de Mai 1896

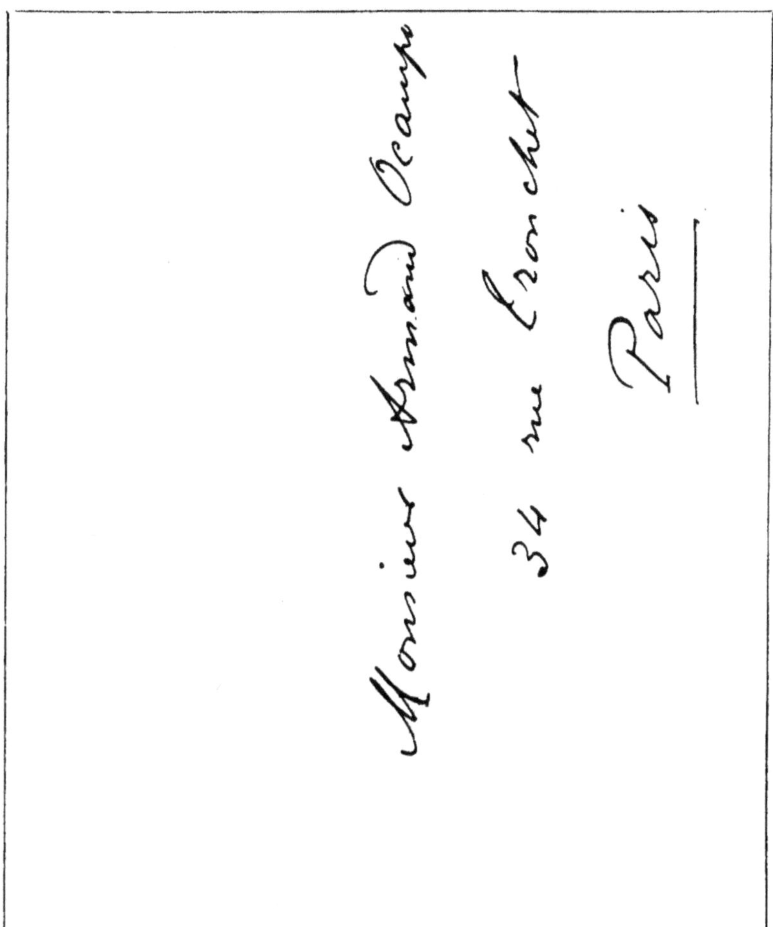

Adresse tracée par le scripteur en décembre 1897

III

Portrait graphologique

III

Un Sympathique Inconnu

« Tiens, m'écriai-je à l'aspect premier de ce tracé sensitif et mélancolique, y aurait-il par le plus grand des hasards, encore des Werther, des St-Preux, derniers échos du XVIIIe siècle, à notre âge de positivisme, de hâte fiévreuse et de plaisanterie ? » Et cette impression de prime saut m'est demeurée, tout en se nuançant d'autres éléments qui font la différence entre l'homme de la fin du XIXe siècle et le contemporain de Jean-Jacques. Ceux qui alors se piquaient d'une belle âme, poussaient la sentimentalité jusqu'au délire ; aimant à faire parade de leurs effusions élégiaques, désireux de briller par leurs larmes, ils s'en paraient comme d'un joyau de prix : une conversation entrecoupée de sanglots et de soupirs était jugée la plus attrayante. Parmi les charmes de son amante, l'amant s'étendait de préférence sur sa faculté à verser de belles larmes, larmes dont la source ne tarissait pas de sitôt, je vous prie de m'en croire, sur la foi des mémoires du temps. Miller, auteur du Siegwart (un des nombreux rejetons de Werther), nous fait dans son journal le récit émouvant d'une nuit d'adieu que lui et sa bien-aimée passèrent, en tout bien, tout honneur, dans une véritable orgie de pleurs.

Oh! la belle, la touchante idylle que vous m'avez donnée! J'en ai eu les larmes, non aux yeux mais dans le cœur, ce qui vaut mieux

Autographe d'Octobre 1894

Vous n'ignorez point que Werther ne fut autre chose que le sosie de Goethe qui, tout en se débarrassant lui-même du poison fatal qui le minait, fixa à jamais dans ce roman auto-biographique l'épidémie sentimentale émigrée d'Angleterre, fille de Richardon et de Sterne, qui infesta toute l'Europe en s'attaquant de préférence aux esprits teintés de littérature, amis des belles-lettres, sans en exempter des cerveaux plus solides, comme celui de Bonaparte, par exemple.

Mais pour être tendre, on n'en était pas moins doué d'un physique plus sain et plus robuste. Goethe et Bonaparte se reprirent pour verser, l'un dans le classicisme, l'autre dans le réalisme doublé de despotisme. C'est que grâce à une jeunesse calme, peu mouvementée, le système nerveux de nos ancêtres n'était pas déséquilibré par cette irritation qui de nos jours dégénère si facilement en névrose (10).

(10) Pour l'intelligence de ce qui va suivre, pour donner à notre étude cette précision scientifique à laquelle nous voulons nous attacher de plus en plus dans nos publications, nous sommes obligé de faire quelques réserves au point de vue de l'extension de ces troubles nerveux que le brillant auteur de cette étude, suivant le mouvement général de notre temps, va attribuer non seulement au scripteur, mais à notre époque tout entière.

Certes la neurologie est à l'ordre du jour, on l'a vulgarisée (quand on aurait peut-être dû en préserver le public) et, il faut l'avouer, les médecins ont été dans la circonstance tout aussi coupables que ce public ; l'un des précurseurs, parmi eux, le docteur Moreau ne croyait sans doute point que son mot aurait une telle fortune lorsqu'il le lançait paradoxalement dans son livre fameux sous cette formule brève et saisissante: « Le génie n'est qu'une névrose ». Cette exagération d'un principe qui doit être lui-même compris d'une certaine manière a été le point de départ d'une mode qui s'est répandue partout.

En réalité, les maladies nerveuses ont toujours été semblables et toujours la partie obscure de la médecine. Il y en a eu le même nombre vraisemblablement dans tous les siècles, et il ne faudrait pas accuser notre temps et par conséquent notre graphisme de plus de nervosité que ceux de nos ancêtres.

Rappelons-nous seulement que ce que nous nommons névroses, nos pères le nommaient vapeurs, et que les « névropathes » d'alors étaient des « vaporeux » (parce qu'on croyait que ces « vapeurs »

Ce changement mémorable, survenu en cent ans, nous pouvons l'étudier dans l'écriture du problème et du premier autographe, car le scripteur de ces lignes est, lui aussi, un sensitif à ses heures. Mais au lieu de tirer gloire de sa tendresse, il feint l'insensibilité, s'isole pour pleurer; il cache

montaient des hypocondres), et écoutons quelques contemporains. Que dit Molière? A Sganarelle qui se plaint de ces « vapeurs », Dorimène répond « c'est un mal aujourd'hui qui attaque *beaucoup de gens* ».

Et qu'on ne croie point que ces vapeurs étaient choses légères dont on pouvait rire; il y en avait d'anodines, celles des dames « de condition » dont parle Beaumarchais, par exemple, simples troubles nerveux au premier degré; cela désignait aussi bien toutes les affections qui de nos jours ont des noms spéciaux. Ecoutons encore : Marmontel nous parle de « cet anglais vaporeux qui *croyait être de verre* ». Mme de Sévigné, qui souffrait elle-même des nerfs, écrit : « Je vous avertis, ma chère enfant, de la part de Mme de la Fayette, et de toute la *nombreuse troupe* des vaporeux, que les vapeurs d'épuisement sont les plus dangereuses et les plus difficiles à guérir ». La médecine de nos jours ne dit vraiment pas autre chose : ces névropathies sont en effet les plus rebelles. Ecoutons encore la marquise. « La Marbeuf pleure une jeune nièce de dix-sept ans, riche, de bonne maison : elle est expirée en trois jours d'une vapeur de fille (Lettres d'oct. 1684. On voit qu'il n'y avait pas plus à plaisanter qu'on ne le peut faire de nos jours avec ces mots dont on abuse tant dans le public ».

Au commencement de notre siècle, les termes changent mais les maladies restent, et le graphisme avec les maladies : un jeune docteur nomme dans un de ses travaux « hémorrhagies nerveuses » ces vapeurs d'épuisement du XVIIe siècle : cela se rapporte assez bien à l'idée graphologique de la ligne descendante et cela rend aussi ce que nous appelons maintenant, d'après l'américain Beard des neurasthénies à divers degrés (car, c'est dans la jeune et vigoureuse Amérique, pays de travail hâtif et surexcité, que le mal semble sévir avec le plus de fréquence.)

Mais voulons-nous pousser plus loin encore : chez les Grecs l'hypocondrie montait déjà des hypocondres et le *neuronosos* de leur poésie n'était pas autre chose que l'homme à vapeurs du siècle de Louis XIV. Par contre, d'un homme dont le système nerveux était parfait ils disaient qu'il avait de « bons boyaux » (*Eucolos*, dont le contraire *mélancolique* est seul passé dans notre langue; et cette médecine-là en savait déjà autant que la nôtre, puisque la plupart de ces troubles fonctionnels du système nerveux sans lésion sensible

une âme blessée au vif sous les ronces fleuries du sarcasme et de l'ironie. C'est un type archi-moderne malgré son apparence de Werther ; il y a bien une certaine ressemblance de famille comme celle d'un petit-fils qui tiendrait de son grand-père, mais cette similitude ne saurait nous faire oublier les contrastes. Car je connais bien l'écriture de Goethe en 1773, date de Werther. Si ma mémoire me sert à souhait, l'inclinaison balance entre un angle de 30-25 degrés ; elle est donc tout ensemble et beaucoup plus sentimentale et plus stable que celle de l'Inconnu. Vis-à-vis de sa complication moderne, Werther nous apparaît comme un être simple et entier, tout d'une pièce, à l'humeur monochrome ; tandis que le type de la sensibilité moderne, je veux toujours dire

dans la structure des parties que nous appelons névropathies, ne sont en réalité que des espèces d'inanitions de ce système nerveux insuffisamment alimenté par les « boyaux » des Grecs. C'est pourquoi ces malaises sont des états autant que des maladies et par conséquent les graphismes correspondants presque toujours constants.

La plupart des névropathes ont commencé par avoir des digestions difficiles ou imparfaites. Voyons ce que le docteur Raspail dit de Voltaire ; cela se rapportera à beaucoup d'autres intellectuels :

« Voltaire c'est le système nerveux porté à sa suprême puissance. Nature délicate élaborant peu de chyle et par conséquent peu de sang — constitution dévolue dès sa naissance à tous ces agacements intestinaux qui font du laboratoire de la digestion un enfer.

— L'estomac, ce fut pour Voltaire jusqu'à l'âge de cinquante ans, le siège de ses tortures et la somme de toutes ses *appréhensions* (voilà l'hypocondrie). A trente ans, il n'aurait jamais cru pouvoir arriver jusqu'à la cinquantaine ». Et voilà pourquoi Voltaire s'appelait lui-même « un petit Français très étique ». Mais ces étiques-là ont des forces de résistance souvent extraordinaires.

C'était le roi Frédéric qui lui adressait ces lignes :

« Je vous les communique (mes remarques sur vos écrits), car je suis très persuadé que nous n'en sommes pas à la dernière édition de vos œuvres. Vous tuerez et vos éditeurs et vos lecteurs avec vos coliques et vos évanouissements... Voilà ce que vous prophétise quelqu'un qui se connaît assez en maladies, et dont la profession est de se connaître en hommes ».

L'imperfection de la digestion, voilà donc bien le facteur premier de ces états nerveux ; et voyez comme le scripteur dont nous nous

notre sympathique inconnu, fait miroiter à nos yeux les
reflets les plus variés de cette sensibilité.

— En dépit de la tendresse, de la délicatesse quasi féminine du sujet, sa virilité m'est démontrée par l'alliance des
signes de la culture intellectuelle à ceux du sarcasme et de
la critique, puis confirmée par la sobriété du trait, c'est-à-
dire la clarté de l'esprit.

Il ne saurait y avoir de doute sur la grande dominante à
laquelle se rattachent tous les autres éléments du caractère.
Elle est peu commune, car on ne rencontre que rarement
une gamme de sensibilité qui embrasse une latitude de 40
degrés allant de 78 à 38. Pour ces fluctuations de tendresse
il n'y a pas d'équateur raisonné, par conséquent il me paraît
bien important d'en déterminer, le plus exactement possible,
les dernières limites.

Pour plus de précision je proposerais comme terme graphologique de les désigner par les pôles Nord et Sud de
l'écriture et du sentiment. Le balancier entre ces deux ex-
trêmes serait représenté par la réflexion.

La seconde dominante, greffée sur la première, serait une
dépression assez forte qui se traduit par trois signes : les
lettres brusquement redressées, révélatrices d'agitation nerveuse, les lignes descendantes accusant la mélancolie, enfin

occupons est fidèle à la règle sans s'en douter : relisez son *Premier
autographe* : il y note que ses *nerfs ont plus de puissance* parce qu'il
vient de déjeuner et il le croit par instinct. On connaît le vieux
proverbe : « Mal de tête veut manger » ; toute la cure de ces
maux est dans l'alimentation (et dans l'aération, qui n'est qu'une
alimentation d'un genre différent) ce qui nous permettrait peut-être
à nous aussi de dire, en guise d'axiome de graphologie médicale :
« Ligne qui baisse veut manger ».

Nous ne pousserons pas plus loin ce court exposé, il suffira à nos
lecteurs pour leur permettre de voir à quel point notre collaboratrice est dans le vrai en ce qui concerne certains détails du sujet
analysé, et en quoi la généralisation de cette théorie, si elle n'avait
pas été parfaitement saisie, aurait pu paraître sujette à modifications, à cause du trouble qu'elle aurait pu apporter dans certains
esprits en ce qui concerne les maladies et par conséquent les graphismes contemporains.

les jambages en saules pleureurs, indices d'une résignation qui atrophie sensiblement tout élan joyeux de l'âme.

Il faut vous dire d'ailleurs que je ne crois pas du tout la tristesse inhérente à ce caractère (11).

Pour le moment oui (12), elle m'y paraît si fermement ancrée, qu'il ne saurait s'en affranchir par l'effort de sa volonté. Mais il y a encore des signes de gaîté, atténués par l'écriture descendante, qui révèlent une disposition antérieure toute différente. Considérez plutôt le *j* de la troisième ligne.

Puis il émane de tout ce graphisme une certaine grâce spirituelle qui frise la gaîté et pourrait aller jusqu'à l'entrain. Ses barres de *t* courtes et gladiolées renferment aussi par concomitance un élément d'enjouement et de sarcasme, bien que leur signification principale soit critique et agressivité ; le *t* à la dernière ligne, quoiqu'il penche la tête d'une façon éminemment sentimentale, atteste aussi l'amour de l'ironie, persistant alors même que l'individu serait profondément atteint au cœur. Notre sujet est très capable de se moquer de lui-même tout en étouffant un soupir. « Une larme souriante au coin de l'œil » tel le définirait Sterne, si on lisait encore son « Voyage sentimental en France. » Je dirais même qu'il y a du Sterne dans le sympathique inconnu (13). Et l'on me tiendrait quitte d'autres explications plus détaillées. Siennes étaient la tendresse variable, l'esprit d'observation subtil, la grande finesse, la grâce et la verve satiriques.

(11) Cette constatation, admirablement exacte, est d'autant plus remarquable de la part de notre collaboratrice que l'autographe n'était pas signé, et qu'il ne se composait que de quelques courtes lignes de début. C'est une des merveilles ordinaires de la graphologie, lorsque la graphologie est maniée par un tel esprit.

(12) Autographe d'octobre 1894.

(13) N'est-il pas curieux que dans l'ignorance complète où elle est de la personne du scripteur, notre collaboratrice ne le compare, pour se faire mieux comprendre, qu'à des écrivains. C'est donc bien là une écriture d'homme de lettres et il aurait suffi d'un peu plus de témérité à son interprète pour indiquer la profession d'après le graphisme. Que de merveilles en réserve pour l'avenir !

Je suppose seulement qu'il avait une structure plus robuste que notre scripteur (14) dont le tracé mouvementé effleure presque l'écriture indicatrice de quelque affection nerveuse présente ou future. Pour peu qu'elle se départît de sa sobriété

(14) On sait que la santé de Sterne était fort délabrée, qu'il vint en France dans l'espoir de s'y guérir, comme Virgile atteint lui aussi de langueur prématurée, était allé en Grèce, et que comme lui il succomba en rentrant dans sa patrie. Les temps changent, les hommes sont toujours les mêmes.

Cette santé n'avait d'ailleurs pas plus empêché Sterne d'écrire son *Shandy* et son *Voyage* (à 54 ans), qu'elle n'empêcha Virgile de commencer son *Enéide* à près de quarante ans et d'y travailler pendant douze années consécutives.

Il faut bien l'avouer, nos ancêtres n'étaient pas plus inébranlables que nous, et ne produisaient pas plus impunément que nous-mêmes. Rappelons-nous Mozart : le travail excessif de sa composition l'épuisait en telle sorte, que de son piano on devait le porter à son lit. Ecoutons Beethoven, écrivant à 29 ans la lettre suivante: « A cette infirmité s'ajoutent les douleurs de mes entrailles, qui jadis, comme tu sais, étaient déjà dévastées, et sont maintenant dans un état encore plus pitoyable. Je peux dire que je passe ma vie bien misérablement, etc. »

Et Grétry ? Pour se mettre en train, il observait le *jeûne*, prenait du café, et restait à son piano nuit et jour jusqu'à cracher le sang abondamment ; quand la composition était achevée, il s'occupait d'arrêter son hémorrhagie, et de se reposer.

En vérité, on *deviendrait* malade à moins! Et Rousseau, au héros duquel est comparé le scripteur, Rousseau était bilieux, hypocondriaque (« Les vapeurs étaient ma maladie », écrit-il dans ses *Confessions*), atteint de la gravelle et toujours sous le coup d'une apoplexie, qui termina en effet ses jours. Voyez sa signature : l'écriture est descendante, mélancolique comme lui ; le paraphe tombe dans un tournoiement désespéré ; et pourtant songez à la somme de travail fournie par son génie. Il faut regarder à Neuchâtel ses admirables manuscrits recopiés dix-neuf fois de sa main pour se rendre compte de son labeur acharné.

Il ne serait pas juste, non plus, de conclure que tous ces travailleurs de l'esprit ont une constitution délicate. C'est en général le contraire qui est vrai. Quelle force originelle ne leur faut-il pas pour résister à ces dépenses extraordinaires de volonté et d'influx nerveux qui sont si mal compensées par une nutrition en général défectueuse.

Les plus fortes des constitutions ne sont d'ailleurs pas préservées des accidents inhérents aux travaux intensifs. On connaît les crises

relative, on déclarerait en effet, qu'elle manque d'équilibre. Survienne un choc subit, des revers de fortune, de longues contrariétés, la mort d'un être aimé, que ces émotions de l'âme se compliquent d'excès de fatigues et de travaux phy-

névralgiques du prince de Bismarck et l'on ne peut pas dire que le chancelier de fer ait été précisément délicat.

Du reste, le paradoxe du Dr Moreau était déjà vieux au siècle dernier. Goethe, qui était très bien portant, écrivait à Eckermann: « Il fut un temps en Allemagne, où l'on se représentait un homme de génie sous la forme d'un petit être chétif, voire même bossu ».

De nos jours Hugo, Dumas, Goncourt (qui eut pourtant une maladie d'épuisement dans son âge mûr), Gounod, Ambroise Thomas et tant d'autres octogénaires, auraient été du goût de Goethe.

En ce qui concerne le scripteur, il est plus que probable qu'il suit la règle générale : comme tous les intellectuels qui s'adonnent à des travaux matériels et spirituels sans mesure, surtout si ces travaux sont hâtifs, la lame a dû user plus d'une fois le fourreau, d'autant plus que cette lame, elle est fortement trempée (voir la forme des *traits accentués* de cette écriture si virile malgré sa nervosité) et que la volonté (d'après le genre de direction de la ligne scripturale) stimule sans cesse la bête, qui aurait peut-être, en ce qui la concerne, aspiré à un peu plus de repos. Nous en inférons que si le corps a des mollesses, voire des faiblesses, la tête, l'âme, est un maître d'une résolution et surtout d'une ténacité absolues et inflexibles : il faut que le corps obéisse, il n'est pas ménagé, il faut qu'il obéisse, dût-il parfois succomber sous cette volonté supérieure. C'est surtout à ces natures qu'on peut appliquer le *mens agitat molem* des anciens: l'esprit anime la matière, il l'*anime* jusqu'à l'exténuer !

C'est ce manque d'équilibre entre les forces morales et les forces physiques qui nous paraît indiqué par les lignes que nous analysons: la tête figure la dépense, le corps la recette, et la dépense est toujours plus forte que la recette, ce qui oblige le corps à fournir le supplément en le prenant en *lui-même*: d'où défaillance de la ligne, tandis que la tête qui travaille sans cesse continue à s'agiter, dans les différences d'inclinaison des lettres.

Déduction naturelle et conforme à ce que nous avons dit de l'alimentation: nous avons affaire à un créateur plutôt qu'à un assimilateur: il fournit de sa substance plus encore qu'il n'absorbe de celle d'autrui.

Par seconde déduction, il est probable que nous avons affaire aussi à un scripteur dont l'esprit ne recule devant aucune hardiesse théorique, et qui dans la pratique matérielle de la vie use au contraire de prudence et de circonspection (parce qu'il ne se sent pas,

siques — et je ne réponds de rien. Car il y a peu d'angles, d'où il s'ensuit une moindre force de résistance morale. J'en conclus que sa douleur est une de celles dont on craint de guérir: il nourrit son chagrin en avivant sa blessure (15).

Dans un pareil état de prostration, on est censé rapporter tout à soi par un retour légitime sur soi-même de pensée et d'imagination. Toutefois cette tendance ne se trahit que par une particularité révélatrice d'originalité en même temps, savoir la forme insolite de l'*x* qui revient sur lui-même. Indice d'absorption, de personnalité plutôt que d'égoïsme,

justement, aussi sûr de ses forces physiques que de ses forces morales: le graphologue vulgarisateur Donadio avait indiqué cette nuance en 1891, par pur empirisme sans doute. Voir la *Graphologie* de nov. 1894 « confiance en son jugement et *pas assez* en ses forces ».) (Ci-après, aux *Additions*).

Nous ne pouvons donc pas dire que ces véritables minotaures de leurs propres ressources vitales soient des êtres *constitutionnellement* chétifs ni, croyons-nous, que nos constitutions modernes le cèdent à celles de la *troupe nombreuse* des vaporeux du grand siècle.

Tout ce que nous pouvons énoncer en matière de conclusion, d'après l'état actuel de la science, c'est que l'écriture hyperesthésique, à laquelle peut être rattaché l'autographe étudié (bien que l'hyperesthésie y soit légère et purement périphérique), est fréquente chez ceux qui par leur genre de vie et par le travail de la pensée notamment ont beaucoup fait fonctionner leurs centres nerveux; que, par voie de conséquence cette écriture peut devenir asthénique, surtout s'il y a chez le sujet prédisposition héréditaire à l'arthritisme — mais nous ne pouvons pas en inférer que la constitution soit faible ou chétive, les arthritiques étant justement préservés de par leur essence de la plupart des maladies microbiennes, ce qui a permis de dire que leurs faiblesses apparentes faisaient leur force profonde de résistance. L'inclinaison des lettres, et la direction des lignes ne sont d'ailleurs pas ce qui révèle le genre de constitution d'un scripteur ; et comme notre éminente collaboratrice n'a pas abordé ce sujet, nous n'avons pas à nous étendre sur ce point dans ces notes qui dépassent déjà les limites ordinaires. Tout ce que nous avons dit suffira amplement à constater combien par instinct elle est d'accord avec tous ces moindres détails *scientifiques*, auxquels nous reviendrons plus tard s'il y a lieu, dans des études de théorie graphologique pure.

(15) Nous répétons que l'autographe d'octobre 1894 est celui sur lequel ont porté les investigations du graphologue. Dans l'analyse

ce mouvement du trait équivaut à la formule d'Archimède :
« *Noli turbare circulos meos* » (16).

Pour de la finesse il en a à revendre, en sorte qu'en toutes
choses, l'attaque brutale doit lui paraître un tantinet simple.
Il aime à se créer des obstacles par l'élection des voies difficiles, des sentiers peu frayés. « *Untrodden pathe* » ont pour
lui la saveur de l'imprévu allié au charme du fruit défendu.
Certain de se tirer de n'importe quelle impasse grâce aux
ressources d'un esprit fertile à l'extrême, il se sentait à son
aise dans toute situation compliquée, avant que cette agitation nerveuse, cette dépression eussent paralysé en quelque
sorte les ressorts de son énergie.

Son premier mouvement instinctif le pousse à s'aban-
donner au sentiment qui le domine, mais il se reprend par
la réflexion, une réflexion qui aime à pratiquer l'analyse sur
le moi et sur le prochain ; alors l'esprit caustique et la critique réclament et établissent leurs droits, jusqu'à ce que de
cette âme mouvementée elles soient expulsées par un regain
de tendresse.

Tel le va-et-vient, le flux et reflux de cet être sensible et
intelligent qui vit intensément, et par le cœur qui a passé

de l'autographe de mai 1896, nos correspondants notaient « la volonté d'ardeur, d'élans sans cesse renouvelés », « la volonté tenace »
(A. P.), une énergie capable de mener à bien une idée conçue ou
adoptée » (Dufeu). (Voir la *Graphologie* de février 1897, pages 709-
710). (Ci-après aux *Additions*. Voir aussi l'autographe de Décembre
1897 où il y a des mots ascendants).

Ce sont toujours les évanouissements à la Voltaire, ou les sui-
cides à la Goethe : il y a des chances pour que les victimes puissent
les décrire elles-mêmes.

(16) Assiégé dans Syracuse, qu'il défendait depuis trois ans, Archimède, lorsque les Romains pénétrèrent dans la ville, était
absorbé dans un problème de géométrie dont il venait de tracer les
figures sur le sable : survint un soldat ennemi le glaive à la main ;
le savant prononça tranquillement les mots cités ici : « Je te prie
de ne pas brouiller mes cercles », et comme il ne se dérangeait
point pour suivre le soldat, celui-ci le tua sur le champ (212 av.
J.-C.).

passablement meurtri par une éducation sentimentale; et par l'intelligence mûrie et affinée par des études diverses (17).

Les lettres très simplifiées attestent la culture d'esprit et l'idéation rapide. Quant à la variété des études, j'en prends pour garant cette mobilité même, puisque dans le domaine de l'esprit elle se traduit par une curiosité intellectuelle qui aime à explorer les doctrines les plus variées. Il se pourrait qu'il ait taquiné la muse (18) en artiste dilettante (voyez plutôt ses courbes gracieuses), qu'il ait effleuré les connaissances les plus disparates, jusqu'à passer, Faust nouveau, par les quatre facultés de l'Université (19). Je me demande

(17) Ces deux phrases sont d'une exactitude vraiment admirable: la graphologie arrivant à une telle synthèse est une science de premier ordre. Nous pouvons dire que dans ce passage, la Baronne Ungern-Sternberg nous a défini le scripteur à tous les points de vue.

Et nous n'aurons nulle peine à en tomber d'accord avec nous-même, si nous songeons qu'il est un écrivain, et surtout un écrivain d'imagination, habitué dès lors par essence et presque nécessairement à passer par tous les sentiments dont il fait palpiter ses personnages, comme par toutes les pensées que lui suggère une incessante idéation.

Nous rappelons que dans notre compte-rendu de mai 1895, nous avons dit, pour nous résumer, que cette écriture était un graphisme-type de *l'intellectuel-sensible*; c'était, sèchement énoncée, la conclusion à laquelle parvenait de son côté notre collaboratrice, conclusion dont elle détaillait avec tant de précision les délicates nuances (Voir aux *Additions*).

(18) On sait que l'auteur a débuté dans les lettres par un volume de poésies (*Les Chants d'Avril*) et qu'il a produit des œuvres lyriques, avant de se consacrer au roman d'analyse.

La Graphologie le devine sans que nous ayons besoin de le lui dire.

(19) Ce fait est tout aussi exact que le précédent: nous savons qu'avant de publier les poésies dont nous venons de parler, l'auteur avait fait ses Lettres et son Droit, tout en étudiant la médecine et en s'essayant en même temps dans les beaux-arts et la littérature, vers laquelle il se tourna définitivement.

toutefois si la profondeur de ses connaissances égale tout à fait leur grande étendue (20).

Car je me refuse à le croire âpre au travail. C'est, physiquement surtout, un indolent par nature qui a beaucoup travaillé tout en combattant sa mollesse, porté à l'étude par la soif du savoir, la fantaisie et l'ennui (21) plutôt que par la nécessité soit de gagner sa vie, soit de se faire une place au soleil. Son écriture espacée trahit l'amour du confort, l'habitude de jouir sans souci de la dépense comme sans prodigalité excessive. On le croirait né avec des rentes « *with a silver spoon in his mouth* » (22).

Une nature aussi riche a de quoi nous intéresser et ne saurait facilement se résumer en une formule. C'est bien le produit d'un de ces grands centres de la civilisation, nouveaux minotaures qui dévorent an pour an un nombre toujours croissant d'organisations nerveuses, grâce à ce surme-

(20) Cela se rapporte assez bien à la définition de Montesquieu : l'homme de lettres, en effet, qu'il soit poète, romancier ou auteur dramatique, doit être plus universel que spécial. La grande profondeur dans une science diminue en général nos facultés dans le reste et surtout dans le domaine des sensations, c'est-à-dire dans celui de l'auteur, poète avant tout, créateur selon le sens étymologique du mot grec ; le spécialiste profond est un savant, il n'est pas ce que nous appelons un homme de lettres, et ses ouvrages, supérieurs au point de vue didactique, sont en général inférieurs au point de vue littéraire. Si Lucrèce et Buffon semblent contredire à cette règle, ils n'en sont pas moins des exceptions, et encore faut-il remarquer qu'ils ne sont point créateurs au sens où l'est l'auteur dramatique, dont tous les personnages sont des enfants sortis tout vivants de son cerveau.

Nous le répétons, la graphologie a pu permettre à son interprète d'entrevoir tous ces détails : si cette interprète avait su comme nous qu'il s'agissait d'un écrivain, nul doute qu'elle nous aurait dit très précisément le genre de ses travaux.

(21) Ajoutons par *un besoin de productivité incessant*, et aussi par un sentiment très personnel de la valeur de l'individualité humaine, ainsi que cela a été constaté plus haut.

(22) « Une cuiller d'argent à la bouche ». Cela rappelle le mot d'A. de Pontmartin : « J'avais à choisir entre le travail et l'oisiveté ; qui pourrait me faire un crime d'avoir choisi le travail ? »

nage perpétuel de l'esprit, à ce tiraillement de l'âme et du corps par l'abondance des sensations suraiguës qui forment la véritable caractéristique de la fin du XIXe siècle.

L'enfant de cette civilisation raffinée porte sur lui le signe de cette complexité ; il est facilement marqué du sceau de l'incompris (23). Quiconque en effet nous apparaît possédé d'une pareille mobilité d'esprit et de sentiments, fruit de la trop grande impressionnabilité du système nerveux, nous semble être enclin à en vouloir à son entourage, à le lui imputer même à crime, si ces vibrations multiples et variées de ses nerfs n'ont pas le bonheur de rencontrer un écho sympathique faute de compréhension. Il demande que ceux qu'il aime réagissent, répondent à sa richesse d'impressions, destiné qu'il est à souffrir cruellement s'il trouve le contraire.

(23) Nous ferons ici la même réserve que nous avons faite dans une note précédente : il y a eu dans tous les temps des natures complexes, des êtres qui se sont crus incompris, et par conséquent des graphismes analogues à l'écriture analysée.

Si cela semble plus fréquent dans les civilisations raffinées, c'est que ces civilisations compliquent justement les organismes, mais cela ne paraît pas être plus propre à notre époque qu'au siècle dernier, ou aux précédents. La graphologie nous montre en effet des écritures également tourmentées à toutes les époques, que ce soient celles de nos jours, ou celles de Voltaire, de Pascal, etc. Et à la vérité il n'en peut être autrement.

Faisons-nous bien comprendre : plus une horloge est fine, délicate, plus elle peut marquer de divisions de la minute et même de la seconde, plus elle indique de détails, tels que la marche de la lune, celle des marées etc. etc., plus en un mot elle est complexe et moins il y aura d'artisans capables de l'entretenir et de la réparer. Tandis que les cartels courants pourront être examinés et réglés par la plupart des horlogers, ces horlogers, même les plus attentifs et portés de bonne volonté, resteront muets devant ces objets de précision aux centaines de rouages et de pièces diverses ; il faudrait un maître très exceptionnel, unique peut-être, dans la partie, pour comprendre ce qui est lettre morte pour eux. Supposez, pour compléter la comparaison, que vous ayez le moyen de donner une âme à ces horloges, et songez à ce que pourrait penser cette âme.

Dans ce dernier cas, il se voit incompris — et il le demeure puisqu'on n'est pas capable de remédier à sa souffrance. Dès lors s'il se croit ainsi méconnu, il pourra changer, devenir injuste, ombrageux — et par contre-coup il pourra arriver qu'on lui rende la pareille. Voilà pourquoi, la vie à deux se basant sur l'harmonie la plus parfaite, la conformité des goûts, la compatibilité d'humeur, s'il prenait femme et s'il n'avait pas la chance de rencontrer une âme capable de « réagir par compréhension », il apparaîtrait peut-être quelquefois comme un compagnon exigeant, peu traitable, difficile à manier et à rendre heureux.

En voilà bien assez pour le revers de la médaille de la tendresse variable. Il me prend envie, dût-on m'accuser d'amour du sophisme, de faire valoir par contre les avantages de cette disposition d'esprit si exceptionnellement mobile.

Tout romancier moderne se joindra à moi pour rompre une lance en sa faveur (24). Un homme capable de passer incontinent d'un froid quasi polaire à la chaleur torride des tropiques *et vice versa* aura toujours le grand charme de l'imprévu pour plaider sa cause. Ayant plusieurs cordes à sa lyre, il en jouera à merveille ; pourvu qu'il ait de l'esprit il en tirera les sons les plus divers, les mélodies les plus suaves et les plus piquantes. Il ne s'en tiendra pas à la

C'est dans ce sens qu'il faut comprendre les lignes de la Baronne Ungern-Sternberg, car leur auteur ajoutera plus loin qu'une telle nature « demeure réellement incomprise puisqu'on n'est pas capable de remédier à sa souffrance ».

Il leur faudrait en effet, à ces organismes compliqués, des entourages faits tout exprès pour eux, et comme il y a quatre-vingt-dix chances sur cent que la nature ne se soit pas préoccupée de ce soin, il est permis de généraliser un peu en négligeant les exceptions et de conclure comme le fait ici notre collaboratrice.

(24) N'est-il pas piquant encore une fois, de voir l'analyste du caractère d'un auteur faire appel pour « rompre une lance en sa faveur » à ...« un romancier moderne », si l'on songe surtout que cet auteur (*inconnu de son interprète*) est lui-même un romancier?

mélopée larmoyante de Saint-Preux et de Werther. Et nous en aurons fait notre deuil. Car, pour en avoir le cœur net, avouons-le franchement, sans ambages, ni fausse honte, une tendresse uniforme, monotone, une sentimentalité rendue par un angle de 30-25 degrés, n'est plus du tout de notre temps, ni notre fait. Elle nous répugne presque. Aussi les Julie, les Lottchen s'en vont, aussi bien en France qu'en Allemagne, pour la simple raison qu'elles ne sont plus ni goûtées, ni recherchées. Quel lecteur serait assez intrépide pour dévorer en entier la *Nouvelle Héloïse* qui fit les délices de nos aïeux? Il faut l'incomparable fraîcheur du style de Goethe, si poétique, si imagé et si vrai, pour nous faire compatir encore aux souffrances de ce pauvre Werther, toujours en train de cajoler son cœur endolori. Que tout cela paraît puéril à la jeunesse de nos jours; les lamentations du soupirant de Lotte n'éveillent la plupart du temps d'autre écho qu'un sourire sur les lèvres de 17 ans. Nos jeunes gens, ceux de la toute dernière génération, se distinguent par un positivisme tel qu'ils aboliraient, une fois pour toutes, les chagrins d'amour. Vieux jeu que tout cela; ils sont du « dernier bateau », qui n'est plus lesté de sentiment. Et quant à compter les pulsations de leur cœur, la hâte enfiévrée de leurs journées remplies de labeurs et de plaisirs n'en laisse plus guère le temps.

Avons-nous gagné ou perdu au change? — Il me suffit de l'avoir constaté, sans embrasser pour cela le rôle ingrat du « louangeur du temps passé ». Si j'ai bien observé, je crois toutefois que la surface unie, éternellement limpide, d'une affection par trop monotone et peu accidentée, ne laisserait pas que d'ennuyer passablement la femme moderne. Un tel amour remporterait un succès d'estime plutôt qu'il n'éveillerait un écho de passion.

Au rebours, une nature comme celle de notre scripteur offrant des ressources inattendues, se renouvelant sans cesse, aurait cent chances contre une de supplanter son rival. Un cœur toujours en émoi dévoile tour à tour cent plis et replis inconnus. Avec lui l'ennui, le morne ennui, la satiété ne

naîtraient pas de l'uniformité ; à proximité de cet être complexe, la vie ne serait point ennuyeuse comme un conte narré
deux fois.

Voilà l'autre face de la question. Mais faut-il pousser plus
loin et rechercher la constance, la fidélité ?

Ici la graphologie rougit un peu : le sympathique inconnu
ne saurait avoir toutes les vertus. Je doute que ses sentiments aient toujours brillé par la constance, jusqu'au jour
où lui-même, « flirt » volage et charmant, il aura été bien
atteint dans sa sentimentalité délicatement sensuelle. Il est
vrai que l'inconstance est considérée comme un des droits
attitrés de la jeunesse. Néanmoins il faudrait se garder d'a-
buser de ce beau privilège ; tous les abus se payent tôt ou
tard (25).

(25) Ces mots « Jusqu'au jour où lui-même » etc, ont l'air d'infir-
mer tout ce qui a été dit sur l'inconstance du scripteur : il aurait
donc été inconstant... jusqu'au jour où il serait devenu constant.
Ce serait à peu près ce qui arrive à tout le monde, mais en réalité,
l'inconstance de la jeunesse et la constance de l'âge mûr, plus
exercé en matière de sentiment, sont choses tellement difficiles à
définir et à constater qu'il faut se contenter de se rappeler ce qu'en
disait La Rochefoucauld :

« La constance en amour est une inconstance perpétuelle, qui
fait que notre cœur s'attache successivement à toutes les qualités
de la personne que nous aimons, donnant tantôt la préférence à
l'une, tantôt à l'autre ; de sorte que cette constance n'est qu'une
inconstance arrêtée et renfermée dans un même sujet. »

Pour l'utilité du lecteur, nous devons ajouter que ces mots s'appliquent en tout cas assez bien au scripteur ; qu'on examine,
non seulement les deux dominantes étudiées par notre collaboratrice, mais tous les autres signes de clarté, de logique, de
suite dans les idées, constatés par elles, (nous renvoyons aussi aux
études de nos correspondants publiées dans la *Graphologie* de mai
1895 et reproduites plus loin aux *Additions*), on verra que l'inconstance est singulièrement atténuée par une fixité de fond qui n'est pas
douteuse. Si nous osions allier ces mots, nous dirions que le scripteur est un *fidèle inconstant* ; en effet sa loyauté, son amour du devoir
le rendent esclave de la parole engagée, de la foi tacitement jurée, et
sa mobilité le rend en même temps variable dans cette fidélité.

C'est du reste la conséquence logique de ce que nous avons dit
de sa nature. La tête qui est très forte est fidèle et commande cette
fidélité au reste, dont les tendances seraient plus mobiles. D'où

C'est un « ami des femmes », selon toute probabilité, en ce sens qu'il doit rechercher leur compagnie de préférence à celle des hommes, plus secs, plus positifs.

— Mais peuvent-elles se fier à lui, oui ou non?

« *Thou art not false, but thou art fickle to those thyself so dearly sought* » (26).

Croyez pleinement, mesdames, à la sincérité de ses serments, à l'ardeur de ses feux, car il est toujours sincère sur l'heure, mais ayez la toujours bonne précaution de douter de leur durée.

Redoutez de même sa satire et sa clairvoyance qui peuvent être cruelles.

Il est loyal, absolument loyal, fors cette mobilité d'humeur et d'affectivité innée qui constitue sa force et sa faiblesse (27).

nous pouvons conclure à une inconstance périphérique variable sur une constance de fond invariable, ce qui est un accord parfait du moral avec le physique. Nous croyons pour bien marquer cette nuance, n'avoir rien de mieux à faire que d'emprunter une comparaison à l'auteur étudié lui-même ; voici en effet la pensée qu'il met dans l'âme d'un de ses héros : « La vie n'est-elle pas comme ce pavillon rose qui flotte devant mes yeux, toujours mouvant en apparence, toujours agité par les souffles qui passent, et pourtant immobile, attaché à son mât, ne pouvant s'envoler réellement... » (Armand Ocampo. — *Une Passion*, 10.)

Ce pavillon toujours agité et pourtant immuable, cela ne rend-il pas bien ce qu'a voulu dire la Baronne Ungern-Sternberg.

(26) « *Vous n'êtes pas perfide, mais vous êtes inconstant envers celles que vous avez vous-même si tendrement recherchées.* » — Cette citation est la confirmation de ce que nous avons dit dans la note précédente.

(27) D'un intéressant article paru dans une revue contemporaine, nous extrayons les lignes suivantes ; il s'agit d'un auteur dramatique et poète de grand talent :

« Son âme était, à certains égards, une âme d'enfant : comme il avait des enfants l'inconscience et parfois le naïf égoïsme, il en avait aussi l'extrême mobilité de sentiments. Les moindres peines le troublaient profondément, le jetaient dans de si violents désespoirs qu'il semblait ne devoir jamais s'en relever... Mais ces grandes douleurs s'effaçaient en quelques jours de son souvenir et sans transition, il passait d'une affliction excessive à la gaîté et même à la joie. »

Voilà bien une mobilité tout à fait dans le genre de celle qui est

Souvent embarqué pour Cythère, son bateau n'en change pas moins allègrement de cours.

Il n'en peut mais. Au dire des poètes, Jupiter ne se rit-il pas des infidélités amoureuses? (28)

notée ici, et qui révélerait aussi une personnalité du sexe féminin, ou une nervosité maladive toute moderne, s'il fallait s'attacher à ce seul signe pour découvrir soit le sexe de l'individu soit sa complexion.

Est-ce donc le portrait de quelque Français contemporain, à la nature féminine ou morbide?— Nous sommes loin de compte : c'est d'un rude Espagnol qu'il est question, d'un Espagnol d'Espagne, qui y vivait au temps où Henri IV régnait en France, d'un génie mâle et vigoureux, qui écrivait des centaines de comédies, tandis que sa vie elle-même était une longue suite de romans, au dernier desquels il apportait encore une verte et fidèle ardeur à plus de cinquante-trois ans et malgré tous les obstacles qui s'opposaient à ses désirs, de Lope, pour le nommer, du « divin » Lope de Vega, qui inspirait encore, à cet âge, une si forte passion (V. la *Rev. de Paris*, 1er juillet 1897, p. 89).

N'est-ce pas là une confirmation de plus de ce que nous disions dans le n° de mai 1895 (à propos de l'envoi de M. Bévalot) sur le danger de ne s'attacher qu'à un seul signe de l'écriture pour établir les dominantes d'un caractère? (Voir aux *Additions*).

(28) Précisons ces nuances une dernière fois, de peur de les prendre à la lettre, et d'affirmer selon l'expression de notre regretté Vice-Président Alexandre Dumas, que le scripteur « fait son métier d'homme. » « Il est loyal » constate l'analyste de notre écrivain, « Il peut être fixé une fois pour toutes s'il est bien atteint » ; et voici qu'il s'agit d'« infidélités ou de parjures amoureux ». Nous le répétons, la contradiction n'est qu'apparente. La Baronne Ungern-Sternberg nous le dit elle même: le scripteur n'est pas perfide, mais inconstant.

En conséquence, selon nous, il n'abandonnerait nullement la route suivie par son bateau, seulement ce bateau louvoierait de droite et de gauche, laissant le nord pour le sud, mais pour revenir au nord et ainsi de suite, sans cesser pour cela d'aller toujours vers l'ouest, vers la lumière. Dès lors, peut-être pourrions-nous en inférer, par déduction, qu'il n'abandonnerait aucun des sentiments qu'il pourrait concevoir (car en ce cas il serait infidèle ou déloyal) et qu'il réaliserait plutôt le vers de Hugo :

« Son cœur est assez grand pour les contenir tous. »

Serait-ce donc une âme orientale, pour ainsi dire, admettant la pluralité des affections ?

Au profit de mes lectrices, désireuses de se risquer témérairement avec un partner pareil en une exploration commune du Pays de Tendre, j'ai un conseil en réserve. Elles n'ont pas à craindre de s'ennuyer, elles peuvent pousser hardiment jusqu'à Billets-doux et Vers-Galants, mais qu'elles ne s'aventurent pas trop au-delà, quitte à rebrousser chemin et à fausser, les premières, compagnie. Pour ne point pâtir de l'inconstance masculine (29), le sexe faible doit savoir jouer « *al prevenire* », ce qui est un conseil de Goethe même, maître expert en dialectique amoureuse.

Et pour confirmer encore cet avis, je termine par un mot

Ou bien nous trouverions-nous tout simplement en face d'une âme de poète, d'une âme d'auteur-créateur dont l'amour le plus constant, le plus immuable serait l'amour de l'idéal en toutes choses ?

Or, qu'ils soient des Goethe ou des Rousseau, si ces poètes amoureux de l'idéal, croient sentir que cet idéal, tels qu'ils le conçoivent, est ou va être terni ou diminué, ils s'arrêtent, pleurant peut-être en eux-mêmes leur illusion déçue, et ils se reprennent, non par caprice, non par déloyauté, mais par cette sorte de religion qu'ils ont pour cette pure beauté morale intérieure, qu'ils parent d'une auréole visible pour eux seuls.

A laquelle de toutes ces raisons répond notre scripteur ? Peut-être un peu à toutes ensemble, tant est variée la nature de sa sensibilité, peut-être aussi à cette autre, plus mystérieuse encore, qui pousse « l'enfanteur d'idées » à entourer sa propre pensée de ce respect presque sacré qu'a pour elle-même la femme qui va devenir mère.

Nous devions en tout cas appeler l'attention de nos lecteurs sur ces détails, que nous aurons ainsi épuisés jusqu'au bout, parce qu'ils résultent plus que tout autre des deux traits particuliers étudiés dans ce travail.

La Baronne Ungern-Sternberg ne pouvait faire que des suppositions générales : nous qui savons quel est le scripteur, nous avons pu nous permettre des suppositions plus spéciales et établir ainsi quelques jalons divers pour ceux de nos lecteurs qui voudraient pousser plus loin cette étude psychologique. On voit du reste que ces suppositions concordent pleinement, quelque délicates qu'elles apparaissent sous le crible par lequel nous avons dû les faire très minutieusement passer.

(29) « Les femmes accusent les hommes d'être volages, et les hommes disent qu'elles sont légères. » (La Bruyère, IV.)

fameux, vieux de plus de cent ans, attribué au Prince de Ligne, que Frédéric-le-Grand déclarait être l'homme le plus spirituel de son siècle :

« Dans l'amour il n'y a que des commencements charmants » (30).

(30) Un Stendhal aurait appris au prince de Ligne en quoi il se trompait : il y a amour et amour comme il y a religion et religion ; « Le véritable amour est éternel, infini, toujours semblable à lui-même ; il est égal et pur, sans démonstrations violentes ; il se voit en cheveux blancs toujours jeune de cœur. » (Balzac).

Nous n'aurions point d'ailleurs à nous mêler de redresser cette appréciation du Prince de Ligne si elle ne semblait s'appliquer au scripteur dont nous publions le portrait, et par là s'ajouter à ce portrait lui-même. Nous avons dit plus haut en quoi cette opinion pourrait paraître un peu inexacte si elle n'était pas bien comprise.

Peut-être est-ce le cas, comme précédemment, de citer le sujet du portrait, c'est-à-dire de rechercher la pensée du scripteur lui-même. Or voici celle qu'il met dans l'âme de l'héroïne d'un de ses livres : elle paraît ressortir assez de l'ensemble de ses écrits pour que nous puissions la considérer un peu comme personnelle :

« Il lui semblait que la lune de miel devait être inconnue à ceux « qui étaient destinés à s'aimer toujours, et que à la façon de ces « îlots dont les bords s'accroissent incessamment de tous les débris « que le hasard leur apporte, l'amour devait s'augmenter chaque « jour de toutes les joies et de toutes les misères vécues ensemble. »

(Armand Ocampo, *l'Eternelle Antithèse*, 92.)

IV

Essai physiognomonique

IV

Essai physiognomonique

Après le portrait graphologique, tracé à grandes lignes sur les notes que j'avais prises lors de la publication du problème, voici maintenant le résultat de mes autres observations, celles que j'avais fixées d'après la photographie que j'ai eue entre les mains : en comparant ce qu'il va lire avec ce qu'il a déjà lu, le lecteur pourra, je pense, faire en lui-même, toutes les réflexions qui sont venues à mon propre esprit : ce n'est qu'ensuite que je pourrai me résumer dans une courte conclusion.

APPRÉCIATION SPONTANÉE DE LA PHOTOGRAPHIE

DU SYMPATHIQUE INCONNU

Que voilà bien une physionomie archi-française ? Impossible de s'y méprendre, de le croire Russe, Anglais ou Allemand, par exemple.

Pas Russe d'abord, puisqu'il ne rentre dans aucune des trois catégories, dans lesquelles je classe les sujets du tsar. Avant tout il lui manque les pommettes saillantes formant souvent en Russie le trait d'union entre l'occident et l'orient, indice du sang mongol que la grande invasion de Dschingiskhan y a laissé. Les aïeux de l'inconnu n'ont pas essuyé l'humiliation de frapper la terre du front, prosternés dans la poussière aux pieds du chef brutal de la horde d'or. Le joug de ce dur servage ne s'est pas appesanti, des siècles durant, sur ses pères infortunés.

Du second type (au front serré aux tempes, à la face allongée, aux beaux yeux taillés en amande), qu'on dirait récemment descendu de la châsse d'un icone byzantin, — le front ample de l'inconnu et l'ovale de son visage le séparent suffisamment.

Il serait tout aussi malaisé de le confondre avec un de ces *homini novi* (hommes nouveaux), produits de l'émancipation des serfs, dont la figure, même après deux générations, passées par le crible des études libérales, garde toujours quelque chose d'élémentaire et de mal équarri. « *Topornaja robota* », « œuvre taillée à coups de hache », comme dit si bien le proverbe national.

Ensuite tout soupçon d'anglicisme est exclu par l'absence de ces mâchoires proéminentes, carrées, massives qui nous crient d'une lieue le consommateur de beefsteak.

Et l'allemand donc ? — Oh, mais vous n'y songez pas ! Où discerner dans ces traits le moindre vestige de raideur, ou de pédantisme ?

Sans tenir du « *giguerl* » (espèce de *petit crevé* allemand) par une recherche de toilette ridicule, l'inconnu porte avec aisance, avec nonchalance même, un vêtement qui sort de chez le bon faiseur. Sa tête n'a pas non plus adopté cette tenue militaire que les trois ans de service obligatoire ne laissent pas que d'imprimer à tout officier de réserve tudesque. Notre homme n'a pas avalé ce bâton de caporal que Heine mentionne dans les couplets polissons d' « Allemagne, un conte d'hiver » :

> « *Noch immer ein steifer Winkel*
> *In jeder Bewegung*
> *Und im Gesicht*
> *Der eingefror'ne Dünkel* » (31).

Pas la moindre angulosité chez cet individu d'allure dégagée, dont la posture assise accuse tant de laisser-aller allié aux meilleures manières : il doit avoir le geste facile et abondant, la démarche souple et gracieuse.

De l'extérieur des méridionaux, Italiens tant qu'Espagnols, Roumains, Tsiganes et Grecs, il s'écarte encore davantage. Je suppose d'ailleurs ses cheveux châtain-clair et non aile de corbeau (32).

(31) « Toujours, toujours de l'anguleuse dureté
        Dans chaque mouvement,
           Et au visage
        La suffisance invétérée. »

(32) Détail exact : nous le notons, non pour l'amour de la physiognomonie, mais pour servir de point de repère à ceux qui seraient tentés de rechercher la coloration des cheveux dans l'écriture.

Donc Français il est, Français aussi dans l'âme, et le demeurera à jamais, reproduisant en son individualité les qualités et les défauts de la race, race qui naquit de l'amalgame du sang latin avec celui des aborigènes celtes. En lui que je crois un français du nord, limitrophe des Wallons ou Flamands (Flandre et Hainaut) la fusion est bien complète (33). Dans ce visage mobile, l'esprit gaulois s'épanouit dans toute sa plénitude. Il réside surtout dans l'œil, dont le regard moqueur et fin atteste l'amour de l'ironie, de la plaisanterie.

(33) Le souci de la vérité nous oblige à reconnaître le bien fondé indirect de ces suppositions : cela pourra aussi servir à l'étude du graphisme, au point de vue du croisement des races.

Nous savons en effet que du côté paternel le scripteur, dont l'écriture est pourtant si française, est de pure origine espagnole, d'anciennes familles castillane et andalouse transplantées sur un sol différent ; mais du côté maternel il est français, de mère parisienne et de grand'mère de vieille famille picarde.

Or, on sait que les Flandres ont été longtemps espagnoles, et que le mélange de la race espagnole avec la race française du nord, picarde ou flamande, a produit un type spécial, bien différent, par exemple, du type franc-comtois, qui est une autre fusion de race espagnole (d'où sortait V. Hugo, qui avait une écriture française).

Indirectement, notre collaboratrice refait donc un mélange analogue à celui de la nature. Et pourtant nous devons dire que si l'ensemble du physique, chez le scripteur, tient plutôt du côté maternel, la dimension, la forme et la ressemblance de la tête et du visage se rapportent surtout au côté paternel. Nous exposons ces faits sans avoir à conclure, à titre de simples documents.

Nous remarquerons à ce même titre que les Andalous sont renommés, parmi les peuples d'Espagne, pour leur esprit plaisant et ironique : « le sel andalou » est proverbial de l'autre côté des Pyrénées. N'oublions pas d'ailleurs qu'il y a aussi du sang arabe dans leurs veines (ce sang qui fait des femmes andalouses des demi-orientales).

Enfin, nous ajouterons que si l'origine du sujet étudié est le résultat d'un tel croisement, son éducation et son instruction ont été exclusivement parisiennes.

Dans une *note additionnelle* sur *l'hérédité* des écritures, on trouvera une suite toute naturelle aux présentes indications : nous prions le lecteur de vouloir bien s'y reporter pour avoir un document plus complet.

Une fois mis en verve, il ne résiste que difficilement à l'attrait du bon mot qui vise juste, même s'il y allait de tout l'or du Pérou (34). Je retrouverais ce sourire un peu las, un peu désillusionné sur sa bouche, si sa barbe ne la cachait complètement. Mais on le devine. Ce sourire est parlant. Joint à cette ligne partant du nez et sillonnant la joue, à quelques autres lignes, presque imperceptibles au coin de l'œil, il annonce une personne qui a vécu en étudiant la vie, qui a essuyé maint chagrin et qui a trouvé bien souvent, hélas, la lie au fond de la coupe. Aussi le voilà revenu de bien des choses, sans toutefois s'être arrêté encore à la sentence morose de l'Ecclésiaste : « Vanité, tout n'est que vanité ». Appliquez à son passé le sonnet pessimiste de Musset :

> « Il faut dans ce bas monde aimer beaucoup de choses
> Pour savoir à la fin ce qu'on aime le mieux. »

A présent il en est arrivé à peu près à la même conclusion, « car l'effet qui s'en va, nous découvre les causes. »

Son front vaste, carré plutôt que rond, paraît martelé par la pensée : il offre une capacité suffisante aux sciences exactes et aux spéculations abstraites — c'est plus qu'un intelligent, — c'est un intellectuel qui s'est frotté à tout, qui est bien dans le mouvement et à la hauteur du progrès moderne. Cette arcade sourcilière sous ces sourcils bien fournis me revient surtout. Il y a là l'indice de l'esprit d'entreprise, tel que j'ai été à même de le constater à différentes reprises chez des contemporains distingués ainsi que dans des portraits historiques. Ce trait contraste avec une certaine mollesse qui ressort du maintien général, de la taille un peu courbée, puis surtout de l'œil un peu enfoncé dans l'orbite, — toutes ces caractéristiques dénotant dans leur ensemble une constitution, plus essentiellement nerveuse que matériellement

(34) Nous croyons que la graphologie est plus précise en ce qui concerne ce détail : car, si le scripteur peut être mis en effet en verve, il ne faut pas oublier sa prudence ordinaire, qui du reste sera constatée un peu plus loin, et aussi sa bienveillance native : l'une et l'autre ont dû plus d'une fois lui faire retenir le bon mot qui visait trop juste et qui pouvait blesser.

robuste. Mais la vive intelligence doit avoir raison du corps et doit être capable à l'occasion d'entraîner le physique (35).

Malgré sa jeunesse il ne doublera pas de sitôt encore le cap de la quarantaine 36), la période de sensibilité suraigu ë, toute-puissante, a déjà passé pour lui à l'état de chose connue (37).

Il la juge à l'heure qu'il est, témoin cet air narquois avec lequel il dévisage son prochain (38).

La tournure de son esprit doit être sceptique, comme il sied à un disciple de Montaigne et de Renan. Je le tiens pour un admirateur intime d'Anatole France, « cette âme à qui le doute est tolérable et léger et dont les pensées coulent à l'irréligion par une pente naturelle » (39). C'est un délicat

(35) C'est ce que la graphologie a si délicatement défini : « Mens agitat molem » avons-nous rappelé : « L'esprit anime la matière », et nous avons pu analyser toutes les nuances de ce grand trait de caractère.

(36) La photographie qui a servi à cette étude date de juin 1893.

(37) La graphologie l'emporte encore ici sur la physiognomonie : dans son travail, notre collaboratrice a justement montré où en était exactement cette sensibilité, d'après l'autographe d'octobre 1894, c'est-à-dire plus d'un an *après* la date de la photographie ; elle a bien montré que sous le coup d'une passion, par exemple, l'angle de cette sensibilité pouvait devenir extrême. La physionomie ne révèle pas, à son état ordinairement passif, ces grandes flammes qui restent à l'état latent, à l'état de germe inerte pour ainsi dire tant qu'une étincelle ne les allume pas ; la graphologie, elle, ne s'y trompe point.

(38) C'est peut-être le cas de rappeler ce que l'auteur disait au début : il arrive quelquefois que « l'artiste photographe » excite momentanément une pensée plaisante dans l'esprit du modèle ; il n'en faut pas plus pour que le cliché garde cette fugitive impression, qui est à la fois exacte pour l'instantanéité du geste, et exagérée quant à son naturel ordinaire.

(39) Nous n'avons pas à nous demander si cette appréciation est exacte ou si elle n'est pas plutôt inexacte : elle est en dehors de nos recherches graphologiques ; or, si nous nous sommes longuement étendus dans ces notes lorsqu'elles se rapportaient à la partie graphologique de cette analyse, nous croyons devoir nous en tenir aux remarques strictement nécessaires lorsqu'il s'agit de physiognomonie, cette publication étant exclusivement réservée à la science dont elle est l'organe.

Portrait de M. Armand Ocampo
sur lequel ont porté les recherches
de Madame la Baronne Isabelle Ungern-Sternberg (1)

(1) Les lecteurs voudront bien noter que le procédé de reproduction a sensiblement atténué nombre des indications plus précises de la photographie.

qui préfère la finesse de Daudet à l'œuvre géniale et touffue de Zola.

Son œil limpide et scrutateur dénonce l'habitude et l'amour de l'observation, partant la clarté d'esprit, l'amour de cette belle forme qui a imprimé un cachet particulier à l'art français. Par conséquent, ce ne saurait être un snob du symbolisme, qui doit lui répugner à cause de sa nébulosité septentrionale, autant que tout excès de rhétorique.

Point jaloux, ni susceptible, ni haineux, ni emporté. Pas intéressé, mais quelque peu personnel de pensée et d'imagination, prisant excessivement son indépendance ; capable de développement, puisqu'il n'est point fossile encore et qu'il est exempt de préjugés.

Sa souplesse tourne l'écueil de la fausseté sans donner dans la tartuferie, ni abuser de la franchise irréfléchie : c'est un homme qui doit savoir à l'occasion conduire ou retenir ses paroles. Pour le reste « *Integer vitæ, scelerisque purus* » (40).

Est-il actif ? — Cela dépend : le labeur physique n'est pas son fait, mais sa tête, toujours en travail, ne chôme guère (41). Il est fort à regretter que la forme des mains se dérobe à un examen minutieux. Je relève toutefois certaine particularité, coutumière aux joueurs de violon et de violoncelle, d'avoir les ongles très courts au pouce et à l'index de la main gauche. La chair de ces deux extrémités déborde en un léger bourrelet, non seulement spatulé, mais évasé, tel que je l'ai noté chez maint virtuose. Sur la foi de ces deux doigts

(40) « Homme de vie intacte, et pur de tout méfait ». (Horace).

(41) Ce détail, matériellement juste, a été bien indiqué par notre science : elle a révélé que cette « tête qui ne chôme guère » a dû, par la mise en jeu incessante de l'émotivité concentrée, être la cause première de toutes les modifications, momentanées ou successives, que nous avons constatées dans l'état de stabilité nerveuse du sujet étudié.

on le dirait habitué à manier un instrument à cordes en dilettante habile et connaisseur (42).

Et voilà tout, le portrait ne m'en dit pas plus long. Peut-être eût-il révélé le secret de son âme à quelque expert en cette besogne épineuse, toute de prime-saut et d'intuition — selon Lavater. Au moins que l'ombre bénévole du doyen et patron des physionomistes me pardonne les fautes et les omissions de ce rapide croquis. Je le livre pourtant, puisque le lecteur y a droit.

(42) Nous sommes obligés de noter que le fait n'est pas exact dans la réalité : de l'aveu même du scripteur, il n'aurait jamais touché un instrument de sa vie.

Mais il est juste d'ajouter que la photographie a exagéré encore ici un détail que l'éclairage artificiel de l'atelier a dû accuser bien fortement, puisqu'il ne se retrouve pas de la même façon dans la nature.

V

Conclusions

V

Conclusions

Si je veux arriver à une conclusion, je change au contraire de pensée.

Plus je réfléchis, moins je saurais regretter la publication de ce modeste essai physiognomonique. Sa confrontation avec le portrait graphologique, pour subjectif qu'il soit, ne prouve-t-il pas avec éclat la supériorité de la graphologie sur cette autre science visant de même à une connaissance approfondie de l'âme humaine? Mettant de côté tout amour-propre, je suis la première à avouer que mon investigation physiono-mique n'a abouti qu'à un résultat superficiel, puisqu'un des caractères les plus importants de l'individu, (c'est l'émotivité dont je parle), est resté hypothétique et dubitatif.

« Il n'y a pas de quoi dénigrer la physiognomonie, ne vous en prenez qu'à vous-même »; telle je prévois la réplique des fervents de Lavater. « Ne faut-il pas », m'objecteront-ils, « considérer toute photographie comme un instantané qui ne saurait témoigner de la totalité et de la profondeur des sentiments? »

Je veux bien vous l'accorder, mais vous me concéderez en revanche que la même insuffisance se rattache également sous beaucoup de rapports, à la physiognomonie pratiquée sur des sujets bien vivants qui parlent et se meuvent dans le cadre d'un salon. Par conséquent, une analyse pareille ne sera pas nécessairement fausse, mais incomplète, (à moins de se doubler d'observations réitérées), la physiognomonie étant incapable d'épuiser de prime-abord toute une personnalité.

C'est ainsi que j'ai bien relevé à première vue dans une face intéressante que je ne savais pas appartenir à un des avocats les plus courus de Pétersbourg, ces yeux de Thersite, aptes à discerner d'emblée les vices et les ridicules. Mon jugement n'errait pas : le fameux jurisconsulte ne dédaignait guère, en véritable gourmet, un morceau choisi du prochain ; et ce soir-là sa verve caustique ne tarissait pas, alimentée par un public hobereau et provincial.

Toutefois, je ne m'étais pas rendu compte que ces dehors frivoles cachaient une âme sentimentale, tout éprise de rêve et de poésie, âme qu'il refoulait dans le brouhaha des affaires et des plaisirs, mais qui reprenait ses droits aux heures de flânerie solitaire sur les plages de la mer Baltique.

Par contre j'ai fait crédit jadis à un bellâtre de plus de sensibilité qu'il n'en possédait, sur l'illusion de deux beaux yeux qui masquaient habilement des calculs égoïstes. — Au rebours de l'émotivité la volonté et l'intelligence se déduisent assez facilement de la physionomie, de la démarche et des allures. Quoi de plus expressif que le geste vif, autoritaire, anguleux, ou bien lent, hésitant, souple ! En un clin d'œil il s'impose à l'analyste et le met dans la bonne voie. Ces deux esquisses physiognomonique et graphologique concordent presque complètement sur ces deux points. Le sentiment intellectuel et le raisonnement y entrent pour une part égale et, sans qu'elles se contredisent, l'une pourrait servir de complément à l'autre.

Pour un détail unique, l'examen des doigts m'a même fourni des renseignements plus amples par rapport au sens artistique du sympathique inconnu. Là où la scrutation du graphisme ne m'avait donné que des généralités, j'ai été à même de spécialiser moyennant la déformation des extrémités de la main gauche, dont la provenance remonte au maniement fréquent d'un instrument à cordes. Et si la photographie peu exacte m'avait induite en erreur, je ne rougirais pas de cette méprise, dont mon observation n'est point fautive. Dernièrement encore, au concert d'Ondricek, j'ai pris soin de vérifier ce détail tout aussi caractéristique pour les violonistes que les articulations grossies et noueuses le sont pour un pianiste.

J'ai moi-même vu la main fort belle de mon frère s'altérer graduellement par le martelage de ces dents noires et blanches qui martyrisent si souvent le voisinage.

Mais rien ne saurait combler cette grande lacune créée par l'impossibilité d'évaluer exactement le degré et les nuances de la sensibilité dans une appréciation de photographie ou de physionomie. Après mûre réflexion, je crois pouvoir affirmer qu'une nouvelle expérience sur un nouveau sujet, donnerait encore partiellement le même résultat négatif, toujours à cause de cette même pierre d'achoppement.

La jalousie, par exemple, si aisée à constater dans l'écriture à l'état de faculté, ne se peut affirmer dans un portrait. Pour un visage, vous seriez obligé de guetter le moment propice, afin de l'y surprendre, pour ainsi dire, en flagrant délit. Mais ces moments sont rares. Pour ma part j'ai eu cette chance : de ma vie je n'oublierai cette flamme de jalousie sinistre qui jaillit ardente des yeux d'un jeune marié en voyant sa femme valser avec son beau-père. Toutefois, ce ne fut qu'un éclair ; aussitôt mon observation surprise, le feu sombre s'éteignit, étouffé par le décorum — et le regard redevint terne, comme devant.

Et la parcimonie donc, crevant les yeux dans tout graphisme, comme elle se déguise facilement sous des dehors corrects. Inutile d'en rechercher le stigmate dans un portrait !

Elle s'annonce par le geste très mesuré, calculé, plutôt bref qu'ample, accusant par là l'épargne inconsciente de la vitalité. Aussi la longévité des avares est-elle passée en proverbe.

Comment encore sur une photographie décider si l'original est ombrageux ou curieux et expensif, bavard ou taciturne ? Ne vous y essayez pas, vous ne feriez que broder !

Le passionné, le caractère méfiant et ombrageux se trahit par des regards à feu couvert, dardés en dessous, tandis que les yeux des curieux exécutent un véritable moulinet : de ci de là ils portent, ils reviennent, exprimant le désir manifeste de ne pas perdre une syllabe de tout ce qui se chuchotte aux quatre coins du salon.

Puisque donc, pour la plupart, le visage d'un homme du monde est lettre morte sur le chapitre du sentiment, l'observateur, à mon avis, doit s'abstenir. Mieux vaut garder un silence prudent et discret que de s'aventurer en des suppositions, qui risquent fort, le cas échéant, de tourner à l'absurde.

En voilà assez maintenant pour la mine inépuisable du « fameux inconnu ». « Le secret d'ennuyer est celui de tout dire ». Aussi ai-je déjà une peur bleue d'avoir abusé de la patience de mes lecteurs.

Et voilà pourquoi, aussitôt que je fus renseignée sur l'identité du portrait avec le scripteur du problème et du « premier autographe », je quittai incontinent le sentier des thèses didactiques, pour suivre plus particulièrement deux filons à demi vierges, peu explorés, en tout cas, par mes prédécesseurs.

Et pour que je puisse enfin terminer en vous tirant ma révérence, veuillez vous rappeler la réflexion de Méphistophélès, après avoir posé longtemps en docte professeur vis-à-vis du bachelier qui lui demandait une entrevue et un autographe.

> « C'est assez de la cuisterie,
> Retournons à la diablerie ! »

Isabelle UNGERN-STERNBERG.

*
* *

Nous voici enfin parvenus au terme de cette longue série d'études sur le même sujet.

Est-ce à dire que nous ayons épuisé ce sujet, sur lequel nous nous sommes si amplement étendus? On sent bien que non : chacun de nous est un monde infini, si varié, si complexe et si riche, qu'on « ennuierait » tous les lecteurs du monde, avant d'avoir tout dit.

Mais au moins avons-nous tiré, à notre avis, tout le parti que ces études nous offraient aux deux seuls points de vue sur lesquels notre collaboratrice avait attiré notre attention, à savoir, l'inclinaison des lettres, et celle de la ligne.

Nous conseillons de prendre ainsi à fond chacun des grands traits que la graphologie nous permet d'analyser.

On aura soin seulement de bien connaître le scripteur, ou d'avoir dans ses relations un ami à lui ou un parent qui le connaisse parfaitement, afin de pouvoir contrôler ses propres trouvailles. On doit bien sentir en effet pourquoi nous disions dans la préface que nous n'aurions pu nous livrer nous-mêmes à toutes les investigations nécessaires s'il s'était agi d'un scripteur qui nous aurait été complètement étranger; le contrôle nous aurait fait défaut.

Et maintenant pour revenir au point de départ de ces longues recherches, que devons-nous penser de la reconstitution de l'écriture d'après la nature du scripteur?

On a pu voir avec quelle dextérité légère et habile à la fois, la baronne Ungern-Sternberg a esquivé le danger de répondre catégoriquement.

Nous suivrons son exemple pour l'instant, par une raison qui nous paraît assez légitime : et c'est qu'entre la *nature* du scripteur et le *graphisme* qui la révèle, nous avons interposé un troisième facteur, la photographie, qui est du ressort de la physiognomonie et non de la graphologie. Ce troisième facteur est-il un véritable et fidèle révélateur de la *nature?* Nous ne pouvons prendre parti : c'est l'affaire des physiognomonistes; car il nous faut cette fidélité première pour nous permettre d'en faire la base d'une autre révélation. On sent que le problème est double. Cependant, comme on l'a vu, la photographie et la graphologie ont été à peu près d'accord sur tous les points. C'est là un fait qui doit prêter à réflexions.

Et c'est pourquoi nous ne rejetterons point l'étude de ces hypothèses, mais la réserverons au contraire afin de tâcher d'en élucider plus complètement encore les simples coïncidences ou au contraire les déductions logiques.

Mais, en attendant, de cette série d'articles, une chose se détache une fois de plus tout à fait éclatante, confirmant tout ce que nous espérons, et c'est que la graphologie est appelée à tenir l'une des places les plus décisives dans la psychologie de l'avenir. Et il viendra enfin sûrement, forcément, un jour, où l'on reconnaîtra universellement que selon l'heureuse expression de l'un des nôtres, elle n'est pas autre chose que « de la psychologie gravée sur le papier ».

J. J.

NOTES

ET

PORTRAITS

ADDITIONNELS

A

Note additionnelle

sur

l'Hérédité des Ecritures

NOTE ADDITIONNELLE

L'HÉRÉDITÉ DES ÉCRITURES (1)

Dans la quatrième partie de son étude, Mme Ungern-Sternberg a visé la personnalité du sujet analysé, au point de vue de son origine.

A ce propos, nous pouvons donner aux lecteurs qu'intéresseraient les questions d'hérédité, celle notamment de la reproduction du caractère, un document asséz curieux et dont la comparaison avec ceux qui sont étudiés ici pourra être instructive. C'est l'analyse du graphisme de l'ascendant maternel du scripteur, faite par le même graphologue (Donadio) qui avait esquissé le premier autographe de ce scripteur : bien entendu, le graphologue ignorait absolument que ces deux autographes eussent quelque rapport entre eux, ce qui laisse toute leur valeur respective à ses deux esquisses. Nous n'avons pu malheureusement nous procurer l'original de cette écriture, mais le fait que les deux portraits ont été tracés par la même main sera déjà un renseignement très appréciable.

(1) Se reporter pour ce fragment, à ce que nous avons dit dans la note 33 au cours du travail de notre collaboratrice.

Voici les constatations de Donadio :

« Cette écriture révèle une nature enthousiaste, ardente,
« d'une humeur qu'elle essaie de rendre gaie le plus pos-
« sible.

« L'imagination est très fertile, mais elle manque peut-être
« de règle.

« Le jugement s'exagère presque toujours la portée des
« choses soit en bien, soit en mal.

« Les impressions sont très mobiles.

« Beaucoup de spiritualité et de jovialité.

« Le cœur est sensible, bienveillant et bon; s'émotionne
« très vite s'il arrive quelque chose à son entourage.

« Vive et prompte, agit souvent d'après sa première im-
« impression.

« Impressionnable, et ne manquant pas d'intuition.

« Exubérante, encline même à babiller; absolument fran-
« che : ses franchises sont même crues parfois.

« Incapable de bassesse et de mesquinerie.

« Large dans tout ce qu'elle fait.

« Incapable de rancune, quoique quelque peu boudeuse et
« susceptible.

« Sans gêne et sans façon. — Très aimante. »

Il y a évidemment plus d'un de ces traits de cette nature si richement douée qui s'appliqueraient au scripteur lui-même; mais, pour obtenir la résultante de son propre caractère, il aurait fallu avoir l'analyse du graphisme de l'ascendant paternel par le même graphologue, document qui, malheureusement, fait défaut. Et peut-être, du reste, les esprits curieux de ces sortes de recherches auraient-ils encore demandé les portraits des aïeux (dont nous avons cependant la bonne fortune de pouvoir leur fournir les deux autographes du second degré). C'eût été certes, une étude très intéressante, mais qui aurait dépassé de beaucoup les limites que nous nous sommes imposées pour cette monographie.

Disons simplement que ce graphisme, d'une vigueur moins décidée que le précédent, offre tous les signes de la clarté, du jugement, de l'élégance dans les idées et dans les goûts, en même temps que de l'habileté en matière de questions d'intérêts, de la prudence pouvant aller jusqu'à la défiance, de l'indépendance, de la sagacité, de la perspicacité et aussi de la bienveillance, de la générosité alliée à l'économie, et d'une certaine humour qui semble révéler une nature très intelligente et un tour d'esprit original et philosophique.

Au reste, nous avons eu la pensée de rechercher, pour ceux qui voudraient se livrer plus amplement à cette étude, quelques lignes des deux graphismes ; il ne nous est loisible de reproduire que deux adresses de lettres, pièces publiques pour ainsi dire ; mais elles sont suffisantes pour permettre de saisir les différences qu'il y a entre elles.

D'ailleurs les adresses d'enveloppes qui reproduisent le propre nom du scripteur ont toujours une valeur toute particulière, car ce nom lui étant le plus habituel, le plus personnel en même temps, son emploi offre comme une représentation encore plus sensible de sa personnalité.

Aussi, pour répondre à notre désir et rendre la comparaison encore plus aisée, le scripteur a-t-il bien voulu tracer sa propre adresse sur une troisième enveloppe.

Nous devons faire remarquer seulement que l'analyse de Donadio n'a pas été tracée d'après l'autographe que nous reproduisons (graphisme n° 1) et que nos propres appréciations sur l'autre graphisme (n° 2), ont été également établies d'après des autographes différents, ce qui permettra au lecteur de compléter lui-même ces courtes esquisses, d'après des sources diverses.

Nous appelons seulement son attention au point de vue des forces nerveuses si longuement étudiées dans l'autographe de son sujet par Mme Ungern-Sternberg, sur le tracé d'une nervosité pleine d'entrain dans sa mobilité, du graphisme n° 1, et sur le tracé nerveux, délicat et sensitif du graphisme n° 2.

Au premier aspect, certes, pour des yeux non expérimentés, ces trois écritures paraîtront bien différentes, mais qu'on observe de plus près, non seulement les lettres, mais les parties des lettres, que l'on compare, par exemple, l'*M* du scripteur avec l'*M* du graphisme n° 2, le *P* de *Paris* tracé par le scripteur avec celui du même graphisme n° 2, et d'un autre côté la finale du mot *Monsieur* du scripteur et celle du graphisme n° 1, le *d* final d'*Armand*, dans les deux mêmes écritures, et ainsi de suite, et l'on fera une utile moisson de renseignements : on verra quelles qualités un scripteur donné peut tenir de l'un de ses parents, quelles il a héritées de l'autre, quelles lui sont propres. Ce travail n'est pas un des moins instructifs de la science graphologique, surtout au point de vue de ses conséquences psychologiques (*a*).

J. J.

(*a*) Pour ceux des lecteurs de cette Étude qui seraient physiologistes, médecins, etc, nous pouvons ajouter à ces notes un autre document, purement scientifique aussi, dont la valeur a son intérêt, étant donné que nous avons pu insérer un autographe de l'enfance du scripteur (voir à la page 41).

Il nous a été permis en effet de prendre connaissance d'une analyse faite à Paris, en 1869, par le docteur Grassi, médecin de l'Empereur, analyse dont le sujet était justement cet enfant dont nous citons l'autographe, et qui était faite à l'époque toujours si difficile de la transplantation sous un climat plus rigoureux et tout à fait différent.

Que l'on compare cet autographe à celui d'octobre 1894 étudié par la Baronne Ungern-Sternberg, on y trouvera en germe les dominantes futures.

Or, l'analyse du Dr Grassi correspond de son côté parfaitement à une autre analyse faite vers 1894. Le Dr Grassi trouvait déjà dans

l'analyse de l'enfant loin d'être encore un jeune homme, un coëffi-
cient de déminéralisation saline plus élevé qu'à l'ordinaire ; ce qui
fut tout juste la conclusion de l'analyse de 1894.

Cela confirme pleinement ce qui a été dit dans les notes 13 et 14
sur le défaut de nutrition intime des cellules nerveuses, cette ina-
nition permanente des trop grands consommateurs de leurs propres
forces ; le lecteur complétera utilement l'une par l'autre ces deux
notes et la présente observation.

Ainsi, l'enfant était né avec les prédispositions physiologiques
constatées par la Baronne Ungern-Sternberg, et sa vie dans un milieu
favorable à leur développement, c'est-à-dire dans une grande ville
très active, où la vie est surchauffée et contrariée tandis que l'air
est moins pur, ne fit que leur donner plus d'importance.

De même, il était né avec son écriture future, en germe elle aussi,
écriture qu'aucun maître n'aurait pu métamorphoser, puisqu'elle
était inhérente à son tempérament.

On voit donc bien là la part de l'hérédité, qui d'ailleurs peut
remonter à deux, trois générations en arrière, chacune de ces générations ajoutant une nuance différente aux qualités de la précédente.

Cet excès d'émotivité pouvant aboutir, les circonstances aidant,
à cette dépression nerveuse si longuement analysée par la Baronne
Ungern-Sternberg (pour parler plus exactement, à une crise passagère de trop grande impressionnabilité de la sensibilité, ou exagération vibratoire des nerfs qui suivent cette loi générale que les tiges
les plus délicates sont celles qui vibrent le plus souvent et le plus
longtemps), cet excès d'émotivité tenait donc d'abord à la nature
de la nutrition cellulaire nerveuse, c'est-à-dire à la nature originelle même du scripteur, nous pouvons le constater sans que nous
ayons d'ailleurs à rechercher si elle est un mal ou un bien ; ces natures plus sensibles souffrent évidemment dix fois plus du mal qui
leur arrive, mais elles jouissent dix fois plus également du bien
qu'elles rencontrent : chaque chose ici-bas a les inconvénients de ses
avantages.

Ce qu'il nous suffit de noter, pour l'importance de nos travaux,
c'est que nous venons tous probablement au monde avec notre
graphisme futur personnel, comme nous y venons avec nos prédispositions aux qualités et aux défauts que nous aurons ; cela a une
grande portée psychologique.

*Nous donnons les deux graphismes des ascendants au deuxième degré
pour offrir un ensemble absolument complet au point de vue de l'hérédité
des écritures : on pourra faire ainsi de très curieuses remarques sur la
persistance ou la fusion de certains traits dans trois générations successives.*

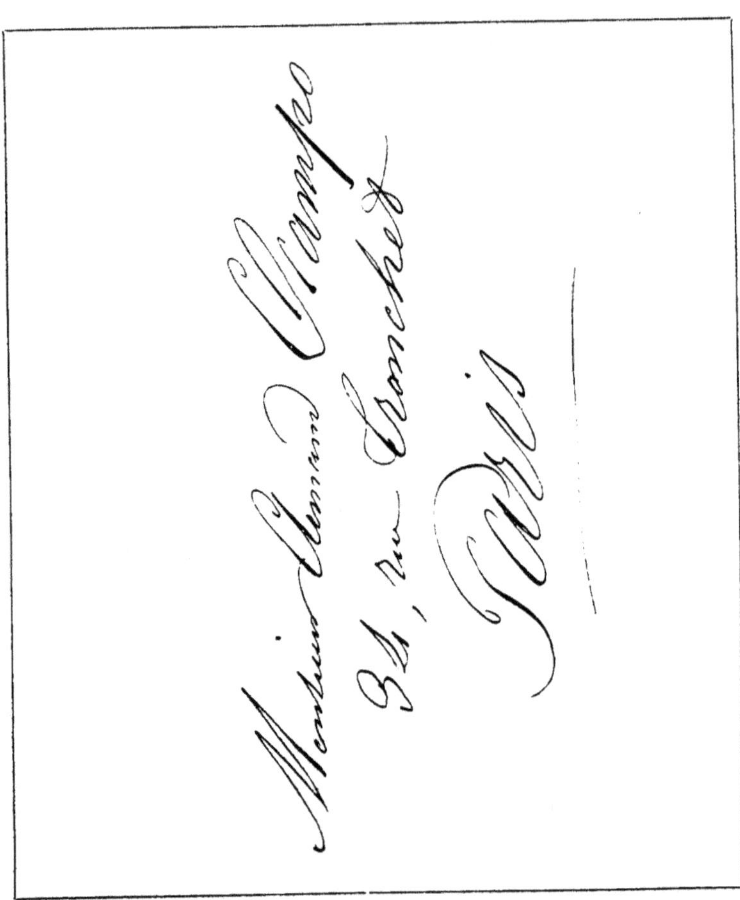

Graphisme n° 1

Écriture de 1884

Graphisme n° 2

Écritures de 1885 (l'enveloppe est de 1876)

La même adresse tracée par le scripteur en décembre 1897

Rien, dit le pieux Fénélon,
n'est plus grand que
la relígion, rien n'est
plus bas niplus
méprisable que l'idée
qu'en ont communément
ceux qu'on appelle
dévots

Graphisme n° 3

Grand-père maternel

(Ascendant direct du graphisme n° 1).

Écriture de 1846

Famille et milieu de médecins depuis plusieurs générations.

Graphisme nᵒ 4

Grand-père paternel

(Ascendant direct du graphisme nᵒ 2).

Signature au bas d'une lettre de change de 1854

Famille et milieu de financiers et d'hommes politiques depuis plusieurs générations.

B

Note additionnelle

sur

l'application

de l'esprit scientifique

à la Graphologie

———————

Au cours de son étude sur l'écriture qu'elle a si merveilleusement analysée, Mme Ungern-Sternberg a été amenée à faire une « Critique sur les oscillations de la sensibilité » dont M. Bévalot s'était occupé dans un travail destiné à un concours de *La Graphologie*.

M. Bévalot adresse à son tour une réponse à cette critique.

Nous donnons cette réponse en la faisant précéder du passage de l'étude de M. Bévalot visé par Mme Ungern-Sternberg.

Voici ce qu'écrivait M. Bévalot, avec les observations que nous avons cru devoir intercaler dans son texte :

« D'abord la sensibilité. Elle se révèle par une inclinaison
« très variable du graphisme. Si je rapporte cette inclinaison
« sur le schéma de Schwiedland (1), je constate qu'elle varie
« entre un angle de 38° et un angle de 78° sur la ligne de base
« de l'écriture, avec des coefficients que j'ai inscrits dans les
« secteurs (Fig 1.) ».

« La pente la plus accentuée (celle qui forme, avec la ligne
« de base de l'écriture, le plus petit angle de 38°) donne la
« sensibilité susceptible (2). La pente la moins accentuée
« (angle 78°) se rapproche de la nature froide.»

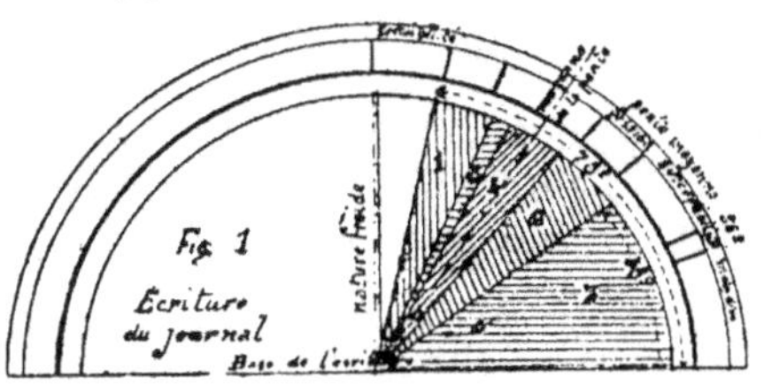

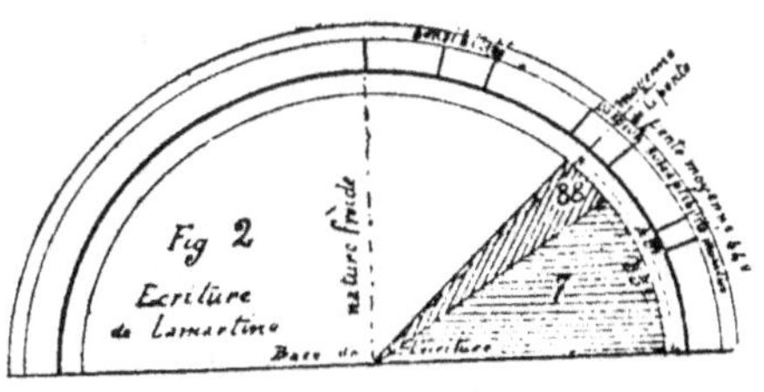

(Dans la fig. 1, la sensibilité a été appréciée sur 100 lettres, et dans la fig. 2, sur 95).

(1) Le « schéma de Schwiedland » est le simple « rapporteur » qui fait partie de toute boîte de compas.

(2) Selon Schwiedland, bien entendu. L'idée malheureuse, funeste aux graphologues, a été d'attribuer des sens précis et restreints à de diverses inclinaisons.

Voilà qui atteste une mobilité de sentiment excessive et bien féminine (3).

« La résultante de cette sensibilité est un angle de 56° qui donne une sensibilité délicate, mais sans passion ».

« J'ai recherché l'écriture d'un sensitif afin d'établir une comparaison ». Et l'auteur prend celle de Lamartine, dont l'écriture, dit-il, a un caractère un peu féminin (4). « La sensibilité de Lamartine est excessive ; mais ses variations sont tout à fait infimes. Ainsi la plus grande pente donne un angle de 35° sur la base de l'écriture et les lettres les plus droites un angle de 45°. Les coefficients affirment la constance de cette sensibilité. Aussi la résultante qui fait un angle de 44° est plus précise et peut être considérée absolument ».

« La constance de cette sensibilité affirme la raison. L'inconstance de la sensibilité dans les lignes du problème accuse une nature plus instinctive ».

« Je m'arrête encore à ce signe dans l'écriture proposée : le redressement anormal des lettres (voir l'*y* du mot *yeux*) est produit par le mouvement en avant de la main. En effet, il n'y a aucun mouvement de retour dans ces six lignes, tout est lancé en avant avec vivacité, les boucles supérieures (à part celles des mots *la belle, la,* qui indiquent le calme) sont serrées comme si la main éprouvait une contrainte à faire un

3 Voici la note que nous avions intercalée à cet endroit de ce passage :

« En ceci consiste la méprise que devait amener l'unique étude de « l'inclinaison des lettres, abstraction faite des autres caractéris-« tiques de l'écriture ; la mobilité extrême du système nerveux n'est « pas d'ailleurs *nécessairement* féminine, bien que la femme ait « une circulation sanguine plus active que celle de l'homme ; elle « se trouve même chez les hommes à circulation relativement « faible ».

(4) On remarquera d'ailleurs que dans l'ignorance absolue où il était de la personnalité du scripteur, le savant analyste de ce portrait a recherché d'instinct, de même que la Baronne Ungern-Sternberg, comme sujet de comparaison, un écrivain, auteur d'œuvres de l'imagination. Cela prouve une fois de plus que les écritures ont entre elles une sorte de parenté intellectuelle.

Oh ! la belle, la touchante idylle que vous m'avez donnée ! J'en ai eu les larmes, non aux yeux mais dans le cœur, ce qui vaut mieux

Autographe d'Octobre 1894

mouvement qui retarde le graphisme ; les courbes inférieures
n'existent pas, aucune pause, tout se lie dans le mouvement
en avant ; tout révèle, en un mot, une grande activité, une
grande vivacité d'esprit. Le calme, qui se révèle dans la première ligne, abandonne insensiblement le scripteur, à chaque ligne, et finit par une véritable chevauchée. Voyez l'*u*
du mot *yeux* dont le dernier jambage sert de prétexte à l'*x* ;
l'*n* du mot *dans* dont le 2ᵉ jambage se relève pour former la
pointe de l'*s* ; l'*u* du mot *cœur*, ainsi que l'*u* du mot *mieux*.
Ne vous semble-t-il pas que cette personne sensible à l'excès
ne s'arrête pas à toutes les sensations ? Elle se connaît, il lui
faudrait trop de temps pour exprimer ce qu'elle éprouve ? (1)

« Après la sensibilité, les traits qui caractérisent généralement la femme, sont la grâce et la bonté ».

« Certes, le graphisme que vous mettez sous les yeux de
vos lecteurs révèle ces dons charmants avec tous leurs con-
mitants. On y trouve l'esprit, la finesse, la délicatesse, le
tact, le savoir-faire, le goût ».

« C'est une nature aimante, affectueuse, bonne, généreuse,
expansive, ouverte, loyale, etc ».

« Tous ces dons gracieux ne peuvent se trouver à la fois et
avec une intensité aussi grande que chez une femme ».

« L'écriture de Lamartine que j'ai prise comme comparaison tout à l'heure, à cause de son aspect général, révèle bien
aussi toutes ces aimables qualités, mais on ne peut nier qu'il
n'y a pas en elle le même abandon gracieux ».

C'est à cet extrait que Mme Ungern-Sternberg a adressé la
critique publiée dans son étude, critique que nos lecteurs
devront relire aussitôt après, si par hasard ils ne l'ont pas
tout à fait présente à la mémoire.

Et voici, à son tour, la réponse que M. Bévalot a faite à
cett ecritique.

(1) Nous avions fait à ce passage l'annotation suivante :
« Ceci est une demi-erreur d'interprétation : l'auteur, fort judi-
» cieux d'ailleurs, n'a pas assez nettement remarqué que c'étaient
» là des signes de simplification ».

APPLICATION DE L'ESPRIT SCIENTIFIQUE

A LA GRAPHOLOGIE

Dans le journal *La Graphologie* Mme la baronne Ungern-Sternberg, dans la suite qu'elle a donnée de ses remarquables articles qui ont pour titre « Une expérience de graphologie supérieure », m'a pris directement à partie au sujet d'une conclusion que j'ai tirée d'une observation faite sur l'orientation d'une écriture donnée en problème de concours.

Avant d'entreprendre une explication, je tiens à affirmer que j'ai, pour Mme Ungern-Sternberg, la plus profonde estime, et que j'admire son talent hors de pair et son érudition remarquable. Mais je tiens à relever, en ce qui me concerne, dans son travail, certains modes d'interprétation, qui dénaturent un peu, quant au fond, l'esprit que j'ai apporté dans mon étude.

Et tout d'abord, ce que j'ai voulu faire en appliquant la mathématique à la graphologie, dans le problème proposé, n'est qu'un essai, une tentative de l'application de l'esprit scientifique, qui peut aider à développer de plus en plus la science graphologique.

A vrai dire, je ne pressens même pas où cet essai peut conduire; mais je suis heureux de suivre un courant nouveau qui me plait fort, et l'idée d'évaluer en degrés l'orientation de l'écriture, cette idée qui correspond si bien aux tendances nouvelles de la « Graphologie », m'a séduit au

point que je me suis exercé à en faire une application métho-
dique dans le problème en question.

Tout le monde comprendra la façon dont je m'y suis pris.

J'ai mesuré, à l'aide du rapporteur, l'inclinaison des lettres
sur la ligne de base de l'écriture et il se trouve que :

$$\text{Sur 102 caractères,} \quad \left\{ \begin{array}{lll} 18 & \text{sont inclinés à} & 38^\circ \\ 35 & - & 52^\circ \\ 25 & - & 63^\circ \\ 18 & - & 66^\circ \\ 6 & - & 78^\circ \end{array} \right.$$

Ce qui, proportionnellement donne très sensiblement :

$$\text{Pour 17 caractères,} \quad \left\{ \begin{array}{lll} 3 & \text{caractères inclinés à} & 38^\circ \\ 6 & - & 52^\circ \\ 4 & - & 63^\circ \\ 3 & - & 66^\circ \\ 1 & - & 78^\circ \end{array} \right.$$

Puis voici comment j'ai rendu plus sensible le résultat de
mon opération : j'ai tracé un demi-cercle dans lequel j'ai
indiqué des secteurs mesurant respectivement des arcs de
38 — 52 — 63 — 66 — 78 degrés. Sur 17 lettres, j'en ai donc
1 qui atteint à 78°, 3 qui atteignent à 66°, 6 à 52°, 4 à
63 et 3 à 38° ; et, dans chacun des secteurs, j'ai rappelé
les coefficients respectifs 1 — 3 — 4 — 6 — 3. Enfin, j'ai pré-
paré une teinte que j'ai passée une fois dans le secteur ayant
1 pour coefficient, trois fois dans celui ayant pour coefficient
3, quatre fois dans celui ayant pour coefficient 4, etc. Et j'ai
obtenu ainsi la figure ci-jointe dont une semblable a été
envoyée avec mon étude, mais qui, dans le journal, à cause
des moyens employés, a été reproduite d'une façon très
imparfaite par des hachures.

Pour établir la *moyenne* de l'orientation, je n'ai pas fait
comme le croit Mme Ungern-Sternberg, c'est-à-dire que cette
moyenne ne se trouve pas être la moyenne entre le plus grand
et le plus petit angle, soit $\dfrac{78 + 38}{2} = 58^\circ$

Mais elle est bien de 56°.

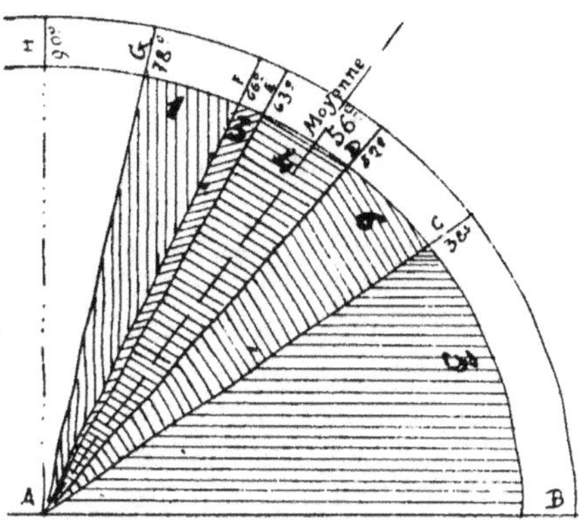

Elle est calculée de cette façon :

$$
\begin{array}{rlll}
1 \text{ angle} & \text{à } 78^o & = & 78 \\
3 \text{ angles} & \text{à } 66^o & = & 198 \\
4 \; - & \text{à } 63^o & = & 252 \\
6 \; - & \text{à } 52^o & = & 312 \\
3 \; - & \text{à } 38^o & = & 114 \\
\hline
17 \text{ angles} & \text{pour} & & 954^o
\end{array}
$$

D'où la moyenne $\dfrac{954}{17} = 56^o$, en négligeant une fraction insignifiante.

Le numéro dans lequel il est fait mention des différentes études sur le problème proposé, indique bien ce chiffre de 56°; mais, sans doute, Mme Ungern-Sternberg a dû croire à une erreur typographique, ce qui s'explique très bien, par la raison que le journal n'a donné que des extraits de mon travail, extraits où, précisément, ne se trouve pas l'explication de mes calculs (1).

(1) L'abondance extrême des matières avait seule empêché de publier in-extenso tous les travaux envoyés par les correspondants.

Et maintenant, j'ai eu, peut-être, un mot malheureux en disant: La résultante de cette sensibilité est, etc. J'ai eu dans l'esprit l'idée de plusieurs forces sollicitant un mouvement dans des sens opposés et se traduisant par une résultante, ce mot étant pris dans l'acception qu'on lui accorde en mécanique. J'aurais peut-être dû dire : La moyenne de cette sensibilité... On admettra bien, j'ose le croire, qu'il n'a jamais été dans mon esprit de supposer que des écarts de sensibilité semblables pouvaient se fondre et se combiner, à la façon de certains éléments chimiques, pour donner un produit unique représenté ici par un angle de 56°. Ce serait une absurdité.

Etant donnée cette explication, je conserve l'expression *résultante*, et ma phrase reste : « La résultante de cette sensibilité est un angle de 56°, qui donne une sensibilité délicate, mais sans passion ».

Cette résultante porte-t-elle à faux, comme le dit Mme Ungern-Sternberg ? prouve-t-elle que l'impressionnabilité nerveuse, la mobilité, le mouvement, etc, ne soient pas l'unique chose qui soit constante dans ce graphisme ? ai-je dit ou ai-je laissé entendre qu'a tête reposée le sujet s'astreindrait de préférence à la moyenne de 56° ? ai-je dit ou ai-je laissé entendre que dans le domaine du sentiment il n'irait pas jusqu'à la sensibilité indiquée par un angle de 38° ?

Bien au contraire !

A propos de l'écriture de Lamartine, je dis :

La sensibilité de Lamartine est excessive, mais ses *variations* sont tout à fait infimes... Les coefficients affirment la *constance* de cette sensibilité; aussi, la résultante qui fait un angle de 44° (1), est plus *précise* et peut être *considérée absolument*.

Que signifieraient ces mots : *variations, constance, précise* et surtout ces deux derniers : *considérée absolument* ? ne

(1) Et qu'on remarque bien que ce n'est pas la moyenne entre 35 et 45 degrés.

laissent-ils pas entendre clairement que dans le cas de l'écriture donnée en problème, la résultante de 56° ne peut pas être considérée absolument ?

Et, d'autre part, cette conclusion : La *constance* de cette sensibilité affirme la raison ; l'*inconstance* de la sensibilité dans les lignes du problème accuse une nature plus instinctive, ne confirme-t-elle pas qu'il n'est jamais entré dans mon esprit de considérer comme *absolue* la résultante de 56° ?

Pour finir, je répète qu'en appliquant la mathématique aux phénomènes de la sensibilité, j'ai voulu produire une image qui parlât aux yeux, qui fît saisir d'un seul coup d'œil l'amplitude des variations de la sensibilité, et qui permît de constater une chose exacte : que le sujet étudié se trouvera plus souvent sous l'influence de la sensibilité modérée indiquée par l'angle de 52° que sous l'empire de la froide raison ; moins souvent sous l'empire de la froide raison que sous l'empire de la passion, et que la normale de sa sensibilité est indiquée par la moyenne ou la résultante prise dans le sens mathématique et indiquée par l'angle de 56°.

En terminant je sais gré à Mme Ungern-Sternberg de m'avoir fourni une occasion de revenir sur cette petite tentative de graphologie scientifique, par la raison que la façon dont cette expérience a été interprétée par elle a bien pu être aussi la façon par laquelle elle aura été interprétée par d'autres esprits également distingués ou curieux.

J. BÉVALOT.

C

Portraits du même scripteur

par différents auteurs

PORTRAITS DU MÊME SCRIPTEUR

PAR DIFFÉRENTS AUTEURS

Il nous reste à résumer tout ce qui a été dit par les différents graphologues qui ont analysé le même sujet sur le caractère duquel l'habileté de Mme Ungern-Stenberng s'est si remarquablement exercée : le lecteur aura sous les yeux la série complète de ces documents.

Et avant, pour commencer, l'esquisse faite par le graphologue-vulgarisateur dont nous avons parlé dans la Préface, d'après l'autographe d'août 1891, dit « 1er autographe »(1).

(1) Voir ce « 1er autographe » dans l'étude de Mme Ungern-Sternberg.

1er Autographe

« Nature très nerveuse. L'esprit est agité, vif, très sensitif, saisit vivement les impressions.

Impatient ; manque de positivisme et de côté pratique.

L'imagination est très riche et travaille trop. Le jugement s'exagère parfois la portée des choses soit en bien soit en mal.

Beaucoup d'originalité de caractère.

L'esprit est créateur, assimilateur, a des connaissances un peu dans tous les domaines.

Trop prompt, agit trop souvent d'après sa première impression.

Ses franchises sont brusques parfois.

Le cœur lutte avec la raison froide et tour à tour ces deux facultés sont maîtresses de cette nature.

Beaucoup d'initiative personnelle ; a trop de confiance en son jugement et pas assez en ses forces.

Très riche de conception, mais la ténacité finale et constante manque pour la réalisation ; cependant il y arrive par la vivacité. Les impressions sont très mobiles. Bienveillant et bon. Trop influençable et enthousiaste. Quelque peu lunatique. »

L'autographe d'octobre 1894 ayant été donné en problème avec la reproduction du 1er autographe, voici les réponses qu'il amena : (1)

_____

(1) Avoir sous les yeux l'autographe d'octobre 1894, publié dans l'étude de Mme Ungern Sternberg.

1° *Analyse générale de l'Écriture du problème.*

« Comparez cet autographe avec le « Premier autographe ». Voyez les mots *vous*, le *z* de *m'avez* et celui de *voyez*, la finale de *larmes* et celle de *mes*, le *c* de *cœur* et celui de *ce* (5e ligne), les *J* majuscules. L'espace entre les mots et les lignes est le même. L'écriture du « premier autographe » est plus nerveuse, il est vrai, plus spontanée, l'imagination est plus active, la vivacité plus grande. Dans le « problème graphologique » il y a plus d'ordre, plus de fermeté, plus de retenue. Mais n'est-ce pas simplement une conséquence de la versatilité du scripteur ? Et ces lignes n'ont-elles pas été tracées par la même main ? »

Nous devons avouer que M. Léon Montandon (de Genève) a été le seul à faire cette exacte remarque. Il avait été choisi à dessein deux écritures tracées dans des conditions de stabilité physique différente : la première avant le repas, la seconde après. Et cette pensée avait été suggérée par le contenu même de la seconde, où l'auteur prévenait justement le graphologue « qu'il venait de déjeuner, ce qui donnait à ses nerfs plus de puissance qu'en temps normal. »

Or voici ce que M. Léon Montandon dit du premier autographe, c'est-à-dire de l'écriture du problème en même temps (en corrigeant l'analyse de Donadio) :

« Conception claire, agitation de l'esprit, nervosisme, originalité, initiative, tout cela est juste à mon avis. L'esprit est surtout assimilateur. Je ne conclus pas au « manque de positivisme et de côté pratique » (observation juste), ni au jugement mal équilibré : l'habileté, la finesse d'esprit, un tact diplomatique acquis atténuent les effets de la spontanéité, de l'ouverture d'âme et de l'enthousiasme. La franchise peut être brusque à l'occasion, mais elle est le plus souvent bridée par la bienveillance naturelle et surtout par celle que donne l'usage du monde. Même observation pour la promptitude, équilibrée par une certaine retenue nonchalante.

J'y vois en outre la générosité, l'abord facile, l'amour du confort, le désir d'acquérir, l'orgueil de comparaison, ainsi qu'un penchant pour les douces rêveries, de temps en temps mélancoliques, dans les heures de loisir ».

De son côté M. N. D. (de Paris) corrige cette même analyse du 1er *autographe* de la façon suivante :

« Il est dit que le sens pratique manque, c'est une erreur, le mot *normal*, tout lié, indique le sens pratique. La ténacité n'est pas absente ; on la trouve au *z* de *veuillez*, au *q* de *que* et de *qui* : sa « franchise brusque » est plutôt adoucie par la souplesse et la finesse.

On peut ajouter les traits suivants : diplomate, bon jugement, réfléchi, ne se laissant atteindre ni par la passion ni par l'imagination, ayant pour forces volontaires la lutte, l'emportement, la fermeté, le despotisme. toutes forces lui permettant de surmonter les moments de défaillance qui l'assiègent ; esprit pointilleux, très mobile, changeant souvent de direction : intelligence cultivée, nature ouverte et bonne, capable de dévouement, d'un abord assez facile, distingué dans ses manières, possédant un certain laisser-aller qui met chacun à son aise sans faire sentir à personne le sentiment de supériorité qu'il possède, aimant les arts, les formes, et les plaisirs ».

Tout ce que dit M. Montandon de l'autographe lui-même, à quelques nuances près (générosité d'un certain genre, orgueil de comparaison, etc.), est fort juste et se retrouve dans l'analyse envoyée sous les initiales N. D. déjà citées:

« Tous les traits de l'intelligence sont marqués dans cette écriture : la clarté, la simplicité, la sobriété, la culture, l'originalité et l'assimilation : c'est une belle intelligence. Caractère affectueux et aimable, accueillant avec bienveillance et bonté, il est vif, emporté, ne craint pas la lutte et a à son service une volonté puissante dont il doute pourtant: il est généralement doux, mais si on le froisse, il devient mordant. Esprit prompt, porté à la critique, un peu caustique, assez entreprenant, mais d'une activité chancelante. Fin et souple, il sait éviter les obstacles, sans user de fausseté, il parle ouvertement jusqu'au moment où sa méfiance se réveille et lui recommande le silence. Pas de prétention ni de coquetterie, il est simple et modeste, son jugement est sûr, l'imagination modérée ne le fausse pas et ses idées ont beaucoup de suite.

Amour du confort mais sans gaspillage, sens esthétique porté à la matérialité ».

Là encore, quelques réserves, mais deux remarques excellentes sur des nuances justes « volonté puissante dont il doute pourtant », « amour du confort mais sans gaspillage ».

Le directeur de l'Ecole primaire supérieure de Chauny, M. Choquenet, est tout aussi affirmatif :

« C'est une belle nature, ferme et forte, mais assez délicate toutefois : simple, modeste aussi, ne visant aucunement à l'effet, un esprit intelligent, lucide ; sans orgueil ni vanité, primesautier, l'idée du bien jaillissant spontanément, des mœurs franches, une autorité marquée, mais ayant de la souplesse, ou plutôt se proportionnant aux circonstances de combativité, n'aimant pas à donner l'assaut aux moulins à vent ; somme toute, un caractère ».

2º Indication du sexe.

Nous arrivons à la partie vraiment intéressante du problème : il n'y a eu que deux réponses exactes motivées, celle de M. J. Eloy et celle de Mme de Rosamel ; la plupart des autres ont conclu juste, mais avouant que c'était d'instinct.

Il y aura à se demander plus tard pourquoi cet instinct *n'a pas trompé la majorité* : l'instinct est une raison première : si cet instinct ne s'est pas mépris,... il y a donc quelque chose que nous ne percevons pas encore bien nettement par l'observation et la réflexion ?

Un tiers seulement des correspondants a fait erreur, en attribuant l'écriture à une main de femme, les deux tiers ont vu la vérité. N'y a-t-il pas là un enseignement, et n'est-il pas permis de penser avec quelque fondement que l'écriture a bien vraiment un sexe, et que c'est nous qui sommes encore impuissants à le découvrir ?

L'écriture donnée en problème était celle d'un homme, on le sait maintenant. Citons d'abord les travaux de MM. Eloy et N. D. (de Paris). Voici ce que dit le premier :

« C'est une écriture masculine.

1º Le centre de gravité de la fonction intellectuelle chez l'homme, c'est la *force* ; celui de la fonction morale, c'est la *justice* (1).

A. Les massues (le z de *avez*, le J, de *J'en*, le t de *vaut*) sont des signes de force. De même les barres des t qui indiquent aussi l'esprit de critique, de discernement.

(1) Cette définition est du philosophe Kleffler.

forme à la règle ainsi que les hampes et les queues des lettres (signes de modestie, pondération d'idées et de jugement) indiquent la justice.

2° D'autre part les signes de culture (le *q* de *que*, le *z* de *avez*, les *y* de *yeux* et *idylle*, le *q* de *qui*) les signes de déduction, d'assimilation (le *d* de *donnée*, la jonction de *l* et de *a* de *la*, les *x* joints de *yeux* et de *mieux*). Ces signes faits avec force et avec sobriété de traits et de mouvement de plume, sont aussi les indices que le scripteur est un homme.

3° Ce n'est pas l'écriture d'une femme.

Le centre de gravité de la fonction intellectuelle chez la femme, c'est la *grâce* ; celui de sa fonction morale, c'est la *bonté* (Kleffler).

C. L'écriture du problème est très harmonique, il est certain ; mais elle manque de grâce. Voir surtout les lettres suivantes : *h* de *oh !* le point d'exclamation trop court pour être de la main d'une femme, les *y*, etc. Malgré la douceur de ce graphisme, car c'est un doux, et malgré son inclinaison, car c'est un sensible, je persiste dans mon opinion. Une femme n'eût point empâté ses *l* et aurait bouclé ses *y*.

D. Je viens de dire que c'est un doux (peu ou point d'angles à la base des lettres, hampes des *l* et du *b* de *belle* en forme de *c*) mais il a l'esprit de critique et c'est même un incisif (voir les barres en glaives des *t*, voir le trait de défensivité et même d'esprit de contradiction de *t* de *touchante* et de *l* de *larmes*) ; en traçant ces lignes émues une femme assez instruite pour avoir cette écriture et assez *femme* n'aurait pas eu ces deux signes et l'inclinaison aurait été plus grande. »

M. N. D. procède par *a contrario* pour arriver au même résultat.

B. Les lignes espacées, les mots et les lettres bien à leur place (signes de clarté) disent justice ; les majuscules d'une hauteur con-

« Si cette esquisse, dit-il après avoir analysé le caractère, nous montre les penchants de la femme, l'écriture lui sera attribuée. Ce que l'on trouve le plus communément chez la femme, c'est la sensibilité, la douceur, la finesse, la coquetterie, le caprice, la jalousie et la délicatesse.

La sensibilité existe, la douceur également, la finesse ne fait aucun doute, mais la coquetterie est absente, le caprice est faible la jalousie ne s'y voit pas, la délicatesse non plus (l'écriture est appuyée et les boucles sont pleines).

En somme, cet examen porte à penser que l'écrivain est un homme. »

Voici maintenant les appréciations de l'analyse de Madame de Rosamel.

« Du premier coup d'œil j'ai déclaré que cette écriture était celle d'un homme. Une lettre *d* du mot *idylle*, m'avait frappée et je suis partie de là pour chercher les causes de cette première impression.

Cette phrase enthousiaste et émue, écrite avec cette sobriété de forme, cette netteté, cet ordre, cette précision dans les détails, révèle une main masculine. Une femme aurait mis dans cette phrase plus de feu ou plus d'abandon suivant sa nature, mais assurément moins d'exactitude dans les accents et la ponctuation. Dans cette écriture, tracée sans hésitation ni lenteur, tout est à sa place, en ordre, rien ne manque et les courbes douces, les lettres très penchées alternant avec des traits nets, arrêtés court, appuyés, donnent l'idée d'un caractère ferme, maître de soi, en dépit du cotonneux et du moelleux de tout l'ensemble. On ne pourrait trouver dans l'écriture d'une femme, si virile et si cultivée qu'elle fût, ce mélange de fermeté et de douceur dans les mêmes proportions ou plutôt dans le même genre ».

Il est regrettable que M. J. Bévalot ait donné une solution inexacte au problème : son travail était intéressant : M. Bévalot est d'ailleurs le seul qui ait appelé la *graphométrie* à son aide ; à ce titre, il fallait lui savoir gré personnellement de son esquisse ; mais, à notre avis, l'erreur de la conclusion de l'auteur provient de ce qu'il a seulement mesuré ce qui a été indiqué jusqu'à ce jour comme pouvant être mesuré, de ce qu'il s'est occupé à peu près uniquement de la sensibilité, point de départ dangereux, car ce qu'il faudra prendre en considération, peut-être, pour arriver à déterminer la *graphogénie* du sexe, en ce qui concerne la sensibilité, ce sera non pas le *degré* de cette sensibilité, mais son *genre*.

Nous avons publié le fragment principal de l'étude de M. Bévalot, plus haut, à propos de la *Critique* qui en a été faite par Madame Ungern-Sternberg : nous prions nos lecteurs de s'y reporter.

S'il nous fallait conclure, après ce compte-rendu sommaire, nous pourrions dire en nous résumant :

1° Cette écriture est une écriture-type, celle de l'intellectuel-sensible (simplification, ordre, mobilité, inclinaison, espacement). 2° Il y a lieu de prendre en considération pour la détermination du sexe : 1° les empâtements des lettres bouclées, 2° la sobriété des finales, 3° l'extrême clarté de l'écriture, 4° la sobriété des points d'exclamation et leur espacement, 5° la précision de la ponctuation, 6° la simplification des liaisons, 7° l'aspect sténographique de certains mots, 8° l'aspect général tranquille de ces lignes si mouvementées, 9° l'ordre et la régularité des lignes et des mots, alliés à la mobilité des lettres dans l'intérieur des mots, 10° la pente généralement descendante des lignes et des mots dans les lignes, alors qu'il s'agit d'une phrase où il y a deux points d'exclamation, 11° la réduction aux traits élémentaires de certaines lettres (*J*, de *J'en*, *d* de *idylle*, toutes les *s* finales les *y* de *idylle* et *yeux*, les *z* de *avez*, l'*r* de *cœur*, etc.), 12° la la régularité des espacements entre les mots, et la suppression des boucles longues, etc., etc.,

Après ces études, nous devons publier celles qui ont été faites au sujet de l'autographe signé, sur lequel on avait appelé l'attention des lecteurs au seul point de vue de l'examen des forces *intellectuelles* et *volontaires*. Ce dernier autographe, nous l'avons dit, avait été écrit en mai 1896. Nous donnons les deux envois qui avaient paru les plus remarquables avec l'explication des signes indiqués par M. Dufeu.

Nous ne pouvions mieux terminer ces instructives additions, qui à elles seules constituent comme un petit cours supplémentaire de deux des chapitres les plus intéressants de notre science.

D

Étude des forces intellectuelles

et volontaires

Etude des forces intellectuelles et volontaires

PREMIÈRE ÉTUDE

Les signes distinctifs de cette écriture rapide et simplifiée sont la clarté, la simplicité des formes, la sobriété des mouvements de la plume : tous les caractères de l'écriture des hommes supérieurs par l'intelligence.

Les forces et les aptitudes intellectuelles s'appliquent diversement suivant les circonstances et les individus. Pourrait-on, sans connaitre d'ailleurs les tendances du scripteur, les déterminer par son écriture ?... Essayons.

L'ensemble est d'une harmonie parfaite, qui prouve le bon sens et le jugement, la direction très légèrement onduleuse des lignes dit la finesse, le savoir-faire ; les simplifications — des *d* et des *g* spécialement — dénotent la faculté de logique, les lettres fréquemment disjointes celle d'invention. Les lettres typographiques décèlent un goût très sûr, la culture d'esprit, les aptitudes artistiques ; la signature tout entière est un spécimen de véritable grâce, son inclinaison et la différence de hauteur dans toutes les lettres de l'autographe indiquent la sensibilité.

Résumons et classons ces indications.

Intelligence supérieure, esprit d'invention, savoir-faire, sensibilité morale, grâce de l'esprit, voilà les qualités du

Mon cher confrère

Vous me demandez, pour tout autographe, quatre ou cinq lignes de mon écriture..

Quatre ou cinq lignes ? – Les voici.

Bien cordialement votre

Armand Ocampo

Autographe de Mai 1896

romancier; bon sens, jugement, exactitude, finesse et logique, facultés artistiques, voilà la part du critique.

Examinons maintenant les forces volontaires.

Malgré la rapidité de l'écriture, malgré la hâte qui ordinairement nuit à la fermeté, le trait est toujours énergique, les *q* sont massués, les *t* toujours pareillement et fortement barrés, d'un geste très accentué, et on ne peut conclure à la force de l'homme, physiquement comme moralement actif, mais qui ne se dépense pas en mouvements inutiles.

Malgré sa solidité, cette écriture n'a que peu ou pas d'angles, et la succession des petits traits nets, courts, — qui servent si bien le besoin de rapidité, — dénote la volonté d'ardeur, d'élans sans cesse renouvelés. La signature apporte une nouvelle indication sur la nature de cette volonté. L'*A* fortement barré en retour (comme l'*f* de confrère), la force surprenante d'une hampe recourbée comme celle du *d*, révèlent qu'on n'a pas affaire seulement à un vif, à un enthousiaste, mais aussi à un volontaire tenace; et, de tous ces traits réunis, se dégage bien la physionomie morale de l'écrivain que rien ne rebute et ne lasse dans la propagation de ses idées, dont un échec stimule l'ardeur au lieu de l'abattre, et qui repart sans cesse à la conquête du succès espéré.

A. P.

DEUXIÈME ÉTUDE

Les facultés cérébrales représentent un mélange d'intuitivité[1] et de déductivité[2], de théorie et de raisonnement, avec prédominance de la pensée[3]; c'est un cerveau bien constitué et capable de produire beaucoup et de ne pas laisser vaines ses productions[4], de savoir les utiliser, les réaliser; il est encyclopédique, apte à l'étude de connaissances très variées[5];

il possède en outre une grande puissance assimilatrice [6], saisissant bien les idées d'autrui, les examinant sous toutes leurs faces avec ordre [7] et entrainement [8], et cherchant immédiatement à en trouver l'application qu'elles comportent; tout cela se fait rapidement, sans aucune hésitation [9], avec précision [10], et aussi avec prudence [11] et réflexion [12], grâce à une intelligence révélée par la clarté [13], la sobriété [14], la culture [15], la distinction [16], la souplesse [17] et la spontanéité de l'esprit [18].

Un seul des caractères complémentaires de cette supériorité intellectuelle semble être en défaut: c'est l'activité; cependant elle est signalée par une écriture rapide, les points en forme d'accents, l'esprit d'initiative [19]; mais à côté de ces signes révélateurs s'en présente un autre d'ordre contraire qui est la déclivité de certaines lignes [20]. Le mot « voici » de la 5e ligne s'affaisse beaucoup, il semble que l'auteur n'a répondu à la demande qui lui a été faite qu'à contre-cœur, craignant un arrêt défavorable, et ce mot, qui est le dernier des lignes qu'il devrait donner, prend l'attitude d'une tête courbée qui attend la sentence, peut-être la pendaison (1).

(1) Il y a là aussi une autre interprétation à donner. L'auteur, par sentiment naturel du beau et de la forme, place dans sa page deux marges, une à gauche et une supplémentaire à droite; mais comme il arrive parfois qu'un mot dépasse, soit que l'écrivain fût lancé, soit qu'il n'y ait pas eu une syllabe suffisante à couper, il oblique, afin de ne pas empiéter d'une manière disgracieuse sur cette marge de droite, d'une élégance peut-être exagérée, mais, en tout cas, de bon goût. Cependant la remarque de M. Dufeu peut se justifier: en effet dans cet autographe l'auteur fait une « niche » pour ainsi dire à la personne qui le lui a demandé. En écrivant son « voici » il a l'air de rire sous cape et de se dérober: ce mouvement psychique suffit pour expliquer que le mot se cache en quelque sorte.

Il faut combiner ces deux explications pour conclure, car l'auteur de l'autographe est sûrement un actif, plutôt même un actif inquiet, qu'un inactif.

Doit-on en conclure au manque d'activité? Cela est peu probable ; du reste, un seul autographe n'est pas suffisant pour établir l'état habituel de l'écrivain, et, en tenant compte des signes favorables existants, on est porté à ne donner à ces lignes descendantes qu'une signification de contrariété passagère, que la volonté, assez puissante, aura bientôt dissipée (2).

Cette volonté est, en effet, vive [21], militante [22] et parfois despotique [23] ; voilà pour l'attaque. Puis elle est ferme [24], tenace [25], obstinée [26] ; voilà pour la résistance ; ces deux genres de volonté se soutiennent et forment une énergie capable de mener à bien une idée conçue ou adoptée, qui n'est gênée ni par l'imagination [27] ni par la passion [28].

Cette volonté n'est pas agressive [29] ni fortement résolue [30] ; mais elle est armée pour la défense [31], ne cherchant jamais la chicane (le fond est trop doux pour cela [32]), mais, une fois les hostilités engagées, ce caractère ne faiblira pas et ira jusqu'au bout par sa ténacité.

Dufeu.

(2) Ceci est plus exact, très exact même, si nous en croyons les faits eux-mêmes — le scripteur ayant été, paraît-il, momentanément réduit à l'inaction par des causes étrangères à sa volonté, dans le temps où il écrivait ces lignes. — Donc M. Dufeu aurait vu très juste, sans pouvoir naturellement s'expliquer ce qu'il voyait — preuve de plus de l'extrême délicatesse de notre science.

Signes correspondant aux facultés

1. Lettres séparées dans les mots (*tout, demandez, autographe*).
2. Lettres liées dans les mots (*Mon confrère, me* pour *de*).
3. Sur 27 mots il y en a 20 à coupures et 7 liés. Il y en a qui ont plus de coupures que de syllabes (*autographe — cordialement — lignes*).
4. Par suite de la déductivité.
5. Mélange d'intuitivité et de logique.
6. Mots dont le nombre de coupures égale et même dépasse le nombre de syllabes.
7. L'écriture n'a rien de désordonné, la ponctuation est bonne.
8. *d* lié à la lettre qui suit (*demandez — de*).
9. Écriture rapide, sans hésitation dans la forme des lettres.
10. Écriture nette, simple, sans confusion.
11. Ponctuation soignée.
12. Écriture sobre, sans mouvement exagéré de trait.
12. Écriture claire, très lisible, à relief — mots et lignes espacés.
14. Pas de traits supplémentaires ni d'ornements.
15. Lettres simplifiées (*Les — Voici — Ocampo* et les *d* et *q*).
16. Lettres harmoniques, aucune de forme vulgaire.
17. Lignes ondulées.
18. Écriture spontanée.
19. *t* barré à droite (*écriture — votre*).
20. Il y a deux lignes horizontales (la 6ᵉ et la 7ᵉ).
    — 3 lignes ascendantes (la 4ᵉ, la 2ᵉ et 3ᵉ, celle-ci commence à descendre, puis enfin se relève).
    — 2 descendantes (la 1ʳᵉ et la 5ᵉ).

21. Barre du *l* longue (*votre*).
22. Le *z* de *demandez* descend vivement à gauche.
23. Barre du *l* trop haute (*quatre*).
24. Les barres des *l* sont tracées fermement, pas une ne manque.
25. Petit crochet aux déliés (*votre*).
26. Barre en retour (*confrère*).
27. Pas de traits exagérés.
28. Lettres peu inclinées.
29. Pas de traits en dard allant en avant.
30. Pas de traits nuancés.
31. Le *z* de *demandez* descend à gauche.
32. Les lettres sont généralement à courbes.

TABLE

APPENDICE

Fragment

extrait des ouvrages

de l'auteur étudié

Donné comme

Exemple documentaire

de son style

Épisode

« Je rentre sous le coup d'une émotion profonde. Quelle
journée ! ma pauvre Germaine ! Quelle malheureuse inspi-
ration !

Nous étions convenus depuis ce matin d'une promenade
pendant l'après-midi, à deux, loin de tous. Elle avait choisi
le lac qui lui rappelait un doux souvenir, et souhaitait de
prendre un bateau pour aller, bien seuls, jusqu'à Bordeau
ou jusqu'à Bon-Port ; je pensais, au contraire, qu'il valait
mieux se contenter du vapeur, qui était public et où le
hasard pouvait nous réunir. Elle se rendit aux craintes que
je manifestai d'être vus ensemble, et il demeura entendu
que nous nous rendrions au port chacun de notre côté. Je
resterais sur la rive, je la verrais venir, ou, si elle était arrivée avant moi, pour m'apprendre qu'elle était à bord, elle
s'y montrerait bien apparemment et tournée vers le quai.

Je me trouvai à l'embarcadère avant que le bateau fût
accessible au public ; je demandai si quelqu'un y avait déjà
pris place : on me répondit négativement. Parmi les gens qui
attendaient, peu nombreux encore, je ne vis pas Germaine
et je ne la rencontrai pas dans les environs.

Évidemment, elle était encore sur la route d'Aix, et j'eus
l'intention d'aller au-devant d'elle. Mais c'était retrouver
l'inconvénient que nous voulions éviter, et je flanai de long
en large, l'œil au guet.

Bientôt la cheminée du bateau lança des flocons plus épais, comme un prélude de l'action future : on activait le feu dans la chaudière pour la course à fournir. Puis ce fut un bruit de vapeur s'échappant lentement, sans effort ; une trépidation dans l'air qui se répercutait jusque dans l'être même, causant cette toute première inquiétude des choses qui se préparent. Pour moi, cette inquiétude se doublait du retard de Germaine.

Les passagers défilèrent sur la passerelle et s'éparpillèrent sur le pont. Je les voyais nettement ; il y en avait une trentaine qui allaient et venaient, choisissant leur place ou considérant les diverses parties du bateau, la machine sous ses auvents de verre inclinés et relevés à cause de la chaleur, les prises d'air avec leurs gueules béantes, tendues vers le vent, les cabines, la dunette, pas très élevée, la poupe où finissait la tente qui abritait du soleil, et où flottaient les trois couleurs. Aucun d'eux ne m'était connu, et je m'applaudissais de ce bienheureux hasard. De temps en temps, il arrivait quelque retardataire qui rejoignait les autres ; je craignais une ennuyeuse rencontre en le voyant venir ; puis, ne le connaissant pas, je me réjouissais.

Mais mon inquiétude augmentait aussi : Germaine n'était pas encore là. J'interrogeais la route de loin ; mes regards s'élançaient sous la voûte de verdure, sondant la perspective droite des arbres feuillus... rien ne se montrait.

Enfin, on me demanda du bord si je montais. Je regardai une dernière fois la ceinture du bateau, de la proue à la poupe, puis je répondis par un : « Non »... que je dus prononcer à regret.

La passerelle fut ramenée à terre, les câbles démarrés tombèrent à l'eau, la vapeur siffla, les roues fouettèrent la surface bouillonnante, et la bête s'ébranla.

Je vis tout cela ; je me retournai encore du côté de la route et je ne vis pas Germaine...

C'était notre belle partie qui s'envolait et j'éprouvais une sourde angoisse, cette crainte indécise d'un événement imprévu. Déjà le bateau avait viré, il me tournait le dos maintenant, ses nageoires battaient l'eau, laissant un long sillage blanc sous un panache gris qui s'allongeait ; entre ces deux traînées, les trois couleurs s'agitaient follement, s'éloignant, se faisant plus petites, le blanc seul restant très apparent.

Maintenant pourquoi demeurer... Je revins sur mes pas, je franchis la voie ferrée, et, près d'arriver au ruisseau où la route se courbe, j'aperçus Germaine qui se pressait. Je ne pus m'empêcher de l'aborder.

— « Comme tu arrives tard ! lui dis-je... le bateau vient de partir.

— Eh bien ! nous prendrons un canot... Tu vois, ce que femme veut, Dieu le veut... J'ai été retenue par madame d'Esplœuc dont je ne pouvais parvenir à me défaire ».

Comme nous étions près du port, je n'eus pas le courage de refuser ; il suffisait de quelques précautions, au retour, pour n'être pas vus dans ce canot ; nous débarquerions même au besoin un peu plus loin, au bord de quelque pelouse, le long de la route... Bref, je pris une barque, et peu après les deux bateliers nous éloignaient du bord.

Germaine, assise auprès de moi, toute heureuse de son escapade, parlait peu, dans le ravissement de cette solitude à quatre : sous la vigoureuse impulsion des deux rameurs, nous étions doucement balancés d'avant en arrière, le corps rejeté vers la poupe à chaque coup de rame, et revenant en avant dans ce temps d'arrêt où la rame décrit sa courbe au-dessus de l'eau. Entre le ciel un peu lourd, et le lac assez calme, nous allions, devisant à mots coupés, souriant, envahis par le bercement rythmé du bateau. Déjà les rives changeaient d'aspect ; elles se dessinaient nettement sur l'uniformité grise de l'eau, formant de petits promontoires dominés par les masses plus sombres du fond, de petites anses arrondies où le bord se reflétait, les maisonnettes faisant des taches blanches, les arbres des taches noires, avec des contours très estompés, et les grandes montagnes même se profilant jusqu'au milieu du lac. C'était peu à peu la rive d'Aix qui devenait moins précise : c'était celle de Bordeau qui se découpait plus purement. Nous ne voulions pas aborder, de peur d'une rencontre au château ou dans ses jardins, mais nous nous approchâmes assez pour voir sur le roc sa silhouette droite aux deux tourelles pointues, ses fenêtres blanches, et les capricieux lacets des sentiers qui l'environnent. Puis nous longeâmes ce côté, vers le golfe des Pêcheurs, admirant le tableau qui se déroulait sous nos yeux.

Cependant, le ciel était devenu plus lourd. Le lac ressemblait maintenant à une grande nappe d'huile ; il n'y avait pas un souffle dans l'espace, les alentours se faisaient brumeux, vagues, tout noyés. Vers le bord, des herbes se plaquaient sur l'eau, d'un vert sale. Et des canots, amarrés là, se tenaient absolument immobiles. La nature avait un air maladif qui nous atteignait nous-mêmes ; nous nous sentions la tête lourde aussi, et en nous retournant, nous voyions qu'au loin toutes choses étaient beaucoup plus brouillées.

Puis cette brume grise se distendit, fraîchit et se dissipa, s'éclaircissant par degrés : dans le corps plus léger, nous nous sentions des frissons, et des premiers grondements nous arrivèrent de l'autre bout du lac.

— « Nous allons avoir de l'orage » dit un des hommes.

Je lui donnai l'ordre de retourner : peut-être avions-nous encore le temps de traverser le lac.

Nous reprîmes le chemin parcouru ; le même balancement nous berça d'avant en arrière, plus accentué, les hommes forçant de rames. Non loin de nous, un autre canot, avec quatre silhouettes, gagnait aussi le bord.

Le vent s'élevait, nous entendions encore la longue plainte du feuillage frémissant, et des cris brefs d'oiseaux. Le ciel devenait d'un bleu violacé avec de grandes bandes plus sombres et, au fond seulement, une éclaircie, d'un jaune très tendre ; le jour nous venait de là-bas, comme si nous avancions sous une toiture gigantesque, éclairée par un bout.

Le paysage se faisait plus net de nouveau, et d'une précision intense ; la voix prenait une sonorité étrange.

Au loin, c'étaient maintenant des décharges successives

d'artillerie, un roulement sourd continu, avec des grondements plus forts par moments.

Sur le lac même, de grandes bandes argentées d'eau fris-
sonnantes brillaient sur le fond sombre de la réfraction. Des
éclairs luisaient aussi, très rapides, et suivis, mais longtemps
après encore, de sourds grognements. Nous voyons les grands
ormes du bord s'agiter ; les bandes argentées du lac se divi-
sent et quelques gouttes de pluie tombent sur l'eau, rejaillis-
sant, faisant comme un semis de pointes. Dans l'autre canot,
une ombrelle s'est ouverte. Germaine s'abrite aussi sous la
sienne, en se serrant contre moi ; l'inquiétude commençait à
la gagner : nous étions très loin encore, et l'orage venait.

La pluie est très fine, légère, aérienne, mais l'air est plus
frais, plus vif. Après une matinée chaude, cela vous saisit.
Germaine se blottit contre mon épaule, les rameurs redou-
blent d'efforts. Au fond, du côté du Bourget, la silhouette
des arbres se détache vivement, sèchement sur la grisaille du
ciel. Un vif éclair ! un coup plus rapproché ! Les taches
argentées ont gagné presque tout le lac ; l'autre canot fait un
point noir dessus.

Le vent redouble : on dirait un vent et une senteur de bord
de mer.

La foudre éclate là-bas, montrant une bande de feu aplatie
en largeur. Les hirondelles tournoient sur l'eau, s'appelant,
égarées. Le vent redouble encore, venant du nord toujours.
Les lointains acquièrent une transparence prodigieuse. De la
vase remontée sur la surface ressemble à de gros sous jetés
sur un tapis de verdure salie. Le vent plus froid siffle aux
oreilles. Il pleut de nouveau, plus fort. De petites lames se
forment, clapotant déjà autour de nous. Nous regardons
toutes ces choses dans le silence hébétant de l'inquiétude. Je
rassure Germaine, les bateliers vont toujours ; mais moi aussi
je commence à trembler, non pour moi qui regagnerais bien
au besoin la rive à la nage, mais pour cette chère vie qui pal-
pite à mes côtés.

Les intervalles argentés sur l'eau se sont agrandis, prenant
des formes très étranges : on dirait d'une table largement

veinée. Les gouttes de pluie sont plus grosses, les lames se font plus fortes et de nouveaux frissons courent en nous.

Puis un éclair paraît, un éclair blanc, fulgurant, suivi d'éclats de foudre partout, des deux côtés du lac, se répondant, comme si l'on croisait le fer.

L'écume mousse maintenant à la crête des lames plus fortes : nous sommes plus secoués, notre barque a des mouvements bizarres, comme une corbeille agitée par un vanneur. La pluie tombe plus serrée, l'ombrelle de Germaine en est tout imprégnée, sa robe mouillée. L'orage vient, les éclairs se multiplient ; ils se rapprochent, les lames deviennent des vagues, nous tanguons et nous roulons comme en mer.

— « N'aie pas peur » dis-je à Germaine. Mais la pauvre est tout effrayée. Elle pense à ses petites, qui l'attendront peut-être, à l'état dans lequel elle reparaîtra, aux justifications qu'elle devra inventer. Ah ! pas de danger certes d'être vus pendant le débarquement par un temps pareil ! Pourvu que nous arrivions seulement !

Il pleut, il tonne et nous sommes affreusement ballottés, nous nous enfonçons et nous nous redressons, voyant parfois l'avant du bateau sous les vagues, puis y plongeant nous-mêmes, la proue pointant vers le ciel tout noir, tout embrumé de pluie.

Germaine est courageuse. A une chute plus profonde pourtant, elle pousse un cri ; nous étions au fond d'un affaissement d'eau, au-dessous de la crête des vagues menaçantes. Puis il fallait sauter par-dessus ces vagues et retomber de l'autre côté, dans une terrifiante glissade.

— Mon Dieu, mon Dieu, disait Germaine, nous sommes perdus ».

Et elle songeait à prier...

J'avais passé mon bras autour des siens.

— « N'aie pas peur, lui disais-je encore, nous arriverons, ces hommes rament bien, et les vagues sont droites devant nous ».

Mais rien ne la calmait plus.

— « Ah ! j'ai eu tort, gémissait-elle, nous aurions dû

prendre le vapeur, ou ne pas partir du tout... Nous n'arriverons pas, nous n'arriverons jamais ! »

Elle pleurait. L'écume d'une vague vint s'aplatir sur un banc du canot. Germaine poussa un cri déchirant.

— « C'est fini ! ah ! si je n'avais pas mes enfants, mes enfants qui m'attendent là-bas, mes enfants, mes enfants. »

Le vent soufflait si fort, que je dus tenir son ombrelle par les fourches intérieures, pour l'empêcher de se retourner. Nous nous faisions tout petits, la tête en avant, contre la pluie perçante, nous pressant l'un contre l'autre, ne formant plus qu'une même masse fortement enlacée.

D'une main, Germaine se cramponnait au banc, de l'autre elle tenait sa pauvre ombrelle toute trempée, et moi, du bras droit j'embrassais fortement la chère créature qui se fondait sous cette étreinte comme un oiseau, et de la main gauche je maintenais encore l'ombrelle en avant contre le vent, contre la pluie. Je la serrais ainsi plus fort, quant la crête d'une vague vint la fouetter par le travers, l'inondant toute.

Germaine ne cria pas ; elle était maintenant paralysée par la peur : elle attendait anxieusement, n'osant plus remuer, craignant qu'un cri même ne nous devint fatal.

Je me taisais aussi dans cet horrible cahotement, ne voulant pas épouvanter mon amie, me contentant de la presser plus fort par moments contre moi.

L'autre canot avait disparu : nous l'avions vu d'abord sauter follement au sommet des vagues pour retomber aussitôt dans un gouffre liquide, et par ce spectacle nous jugions encore mieux de la gravité de notre situation. Mais nous avait-il gagnés de vitesse, était-il arrivé au port, ou s'était-il englouti, maladroitement manœuvré ?

Encore une lame furieuse qui se jette sur nous. Je sentais Germaine trembler sur ma poitrine. Puis tout à coup, du sommet des flots, je vis la terre tout près, l'embarcadère avec ses grands arbres. Nous ne nous étions pas cru si rapprochés de la côte.

Encore de vigoureux coups de rame, et avec des précautions, en virant avec soin, nous venions accoster, aidés par des bateliers du bord, qui nous avaient jeté des cordes, et qui nous maintinrent des deux bouts.

Quand Germaine eut posé le pied sur le sol, elle pensa défaillir. La joie suprême de revoir la vie toute grande devant soi, et l'abattement d'une longue et muette contraction des nerfs surexcités, nous plongeaient dans un engourdissement voisin de l'ivresse. Mais il pleuvait à torrents, et après avoir largement indemnisé les pauvres gens qui nous avaient bien amenés au port, nous nous réfugiâmes dans une auberge voisine. A ce moment, l'autre canot arrivait à son tour. Et les deux inconnus, un couple aussi, vinrent nous rejoindre dans la salle de l'auberge. Le feu flambait dans la grande cheminée, malgré le mauvais temps, malgré le peu d'espoir d'avoir des visiteurs à l'heure du diner. La brave femme et l'homme qui tenaient cette maison, s'empressèrent autour de nous. Par un escalier de bois raide, Germaine fut conduite à la chambre de la femme, où grâce au linge que celle-ci lui prêta, elle put enlever ses vêtements qu'on alla étendre devant la cheminée.

Pendant ce temps un gamin courait jusqu'à Aix pour en ramener deux voitures.

Ces bonnes gens séchèrent ainsi jusqu'au linge de Germaine, hâtant l'opération en le repassant encore tout humide et fumant pour qu'elle pût le remettre avant de partir; puis ils nous réconfortèrent du mieux qu'ils purent. Germaine se laissait faire, dans le bonheur, hébétant aussi, de se sentir sauvée, de revoir bientôt ses enfants, pensant seulement à ce qu'elle dirait au retour pour justifier cette longue absence, cherchant et ne trouvant rien.

— « Quel temps! mâchonnait l'aubergiste regardant du côté du lac, une vraie tempête maintenant ; les vagues sautent sur le bord. Ah! c'est qu'il n'est pas tendre le lac, quand il s'en mêle. Ma mère m'a toujours conté qu'il avait failli engloutir l'Impératrice. Il l'aurait fait, bien sûr! quand il est en colère, il ressemble à la mer. »

L'Impératrice, c'était la douce Joséphine qui s'était attardée à la Fontaine des Merveilles et qu'un ouragan avait surprise en plein lac. Elle faillit y laisser la vie.

Les voitures arrivèrent bientôt : elles attendirent encore un peu, puis l'autre couple partit, une jolie blonde, toute pâle avec son jeune mari, deux époux de la veille sans doute, encore dans l'illusion des choses qui commencent.

Nous quittâmes l'auberge à notre tour, baissant les stores de la voiture pour n'être pas vus ensemble : le cocher devait nous conduire à l'église, et de là Germaine gagnerait l'hôtel à pied ; le prétexte était trouvé : elle dirait qu'elle avait été surprise par l'orage, et qu'elle était restée dans une chapelle, attendant la fin de cette inondation, mais que ne pouvant y demeurer plus longtemps, elle s'était décidée à rentrer ; comme elle se mouillerait en route, cela expliquerait le demi-désordre de sa toilette.

A peine la voiture roula-t-elle sur la chaussée, que Germaine tomba dans mes bras. Ce fut alors un débordement de joie et de baisers. Des larmes venaient même à ses yeux.

— « Maintenant, me disait-elle, je vais t'aimer plus encore. »

Et en effet, il nous semblait que ce danger couru ensemble nous unissait plus étroitement : cette communauté dans le malheur ajoutait un lien de plus à tous ceux qui nous enlaçaient déjà.

Arrivée à l'église, elle descendit, s'engouffra sous le porche et disparut à mes yeux : sûrement personne n'avait pu la voir, surtout par ce temps qui avait vidé les places et les rues.

Je me fis alors conduire à la gare où je laissai la voiture. Quand je jugeai que Germaine devait être rentrée chez elle, je revins à pied à mon tour, respirant largement, sous la pluie moins forte, heureux sous cette averse qui me mouillait, heureux de ce malheur passé qui ne pouvait plus nous atteindre » (1).

Armand Ocampo.

(1) *Une Passion*, 2ᵉ partie, ch. V. Calman-Lévy, éditeur.

TABLE

BIBLIOTHÈQUE GRAPHOLOGIQUE

Système de Graphologie. — 10ᵉ édition, par J.-H. Michon.
Prix : 3 fr.

Méthode pratique de Graphologie. — 6ᵉ édition, par J.-H. Michon.
Prix : 3 fr.

Histoire de Napoléon 1ᵉʳ, d'après son écriture, un beau volume in-18 jésus enrichi de nombreux autographes, par J.-H. Michon.
Prix : 3 fr.

Mémoire aux magistrats, avocats, avoués, hommes d'affaires sur la méthode vicieuse des expertises en écritures suivie jusqu'à ce jour et sur l'intervention heureuse de la science graphologique pour découvrir le vrai en matière d'écritures contestées, avec de nombreux spécimens, par J.-H. Michon.
Prix : 1 fr.

Histoire de la Graphologie, par Emilie de Vars, précédée d'un abrégé du *Système*.
Prix : 1 fr. 50.

Cours de Graphologie en sept leçons. — Pour apprendre rapidement et sans peine à juger de la valeur intellectuelle et morale des hommes d'après leur écriture et pour rendre claire et facile l'étude du système et de la méthode de J.-H. Michon, par A. Varinard, avocat, ancien magistrat, son disciple et continuateur.
Prix : 2 fr.

1 volume in-18 jésus illustré de deux magnifiques eaux-fortes de M. A. Teyssonnière, portraits de l'auteur et de J.-H. Michon.
Prix : 3 fr.

Chaque eau-forte séparément.
Prix : 1 fr.

Le même, traduction russe.

J.-H. Michon : sa vie et ses œuvres, suivi de son portrait graphologique et nombreux autographes, par A. Varinard.
Prix : 1 fr.

Memento graphologique. — Tableau réunissant, sous un seul coup d'œil, tous les signes principaux, par M. P. Varinard.
Prix : 50 cent.

Les Signes révélateurs du caractère, par M. Léonce Vié.
Prix : 1 fr.

Tableau des Signes graphologiques, d'après les ouvrages de Michon, par Pierre Humbert.
Prix : 50 cent.

L'Écriture et le Caractère, par Crépieux-Jamin, 3ᵉ édition.
Prix : 8 fr.

La Graphologie pratique, par Georges Beauchamp.
Prix : 3 fr.

Portrait intime d'un Écrivain (*Armand Ocampo*), **d'après six lignes de son écriture**, par Madame la Baronne Isabelle Ungern-Sternberg.
Prix : 1 fr. 50.

Et tous les ouvrages sur la *Graphologie*, en français, allemand, anglais, italien, etc.